Kenneth Harrod

Zerbrechliche Gefäße

Was der Westen von der verfolgten Kirche lernen sollte

Aus dem Englischen übersetzt von Wolfgang Häde

NEUFELD VERLAG

Aus dem Englischen übersetzt von Wolfgang Häde

Original edition published under the title: *Jars of Clay: What the West needs to learn from the persecuted Church*

Published in the United Kingdom by Release International,
P. O. Box 54, Orpington, Kent BR5 4RT, www.releaseinternational.org

MIX
Papier aus verantwortungsvollen Quellen
FSC www.fsc.org FSC® C083411

Dieses Buch wurde in Deutschland hergestellt

Die Deutsche Bibliothek verzeichnet diese Publikation in der Deutschen Nationalbibliografie; detaillierte bibliografische Daten sind im Internet über www.d-nb.de abrufbar

Lektorat: Dr. Thomas Baumann
Umschlaggestaltung: spoon design, Olaf Johannson
Umschlagabbildungen: Magsi, Tuombre, DHReeves/Shutterstock.com
Satz: Neufeld Verlag
Herstellung: CPI – Clausen & Bosse, Birkstraße 10, 25917 Leck

ISBN 978-3-86256-166-7, Bestell-Nummer 590 166

www.neufeld-verlag.de

Bleiben Sie auf dem Laufenden:
newsletter.neufeld-verlag.de
www.**facebook**.com/NeufeldVerlag
www.neufeld-verlag.de/**blog**

NEUFELD VERLAG

INHALT

VORWORT

Warum ist das Leben so schwer? Warum das Leid? Warum Nachfolge im Schatten des Kreuzes? Das sind schwere Fragen. Kenneth Harrod hilft, sie biblisch einzuordnen. Das hilft mir. Und diese Einordnung, diese Einbettung der eigenen Erfahrungswirklichkeit in den biblischen Interpretationsrahmen, brauchen gerade auch verfolgte Christen immer wieder. Ein biblisches Verständnis von Leid und Verfolgung hilft. Aber das muss sich dann auch wieder im Leben bewähren. Hier haben mir die Begegnungen mit verfolgten Christen sehr geholfen und mich und meinen Glauben nachhaltig herausgefordert und geprägt. Ja, Gott trägt wirklich im Leben und im Sterben. Drei Beispiele:

Hasani hat eine Wahl zu treffen. Er lebt in Mokattam, einem Vorort von Kairo. Eines Tages wird er von einer Gruppe wütender Muslime umringt. Sie fragen ihn: „Bist du Muslim oder Christ?“ „Ich bin Christ“, antwortet Hasani. Da überwältigen sie ihn, reißen ihm die Kleider vom Leib und fangen an, ihn zu verprügeln. Wahrscheinlich hätten sie ihn getötet, wenn nicht ein Fremder dazwischen gegangen wäre.

Ich habe Hasani gefragt, warum er „Ich bin Christ" geantwortet hat. Woher der Mut, die Kraft? Hasani erklärte mir, dass Jesus doch gesagt habe: „Wer mich bekennt vor den Menschen, den will ich auch bekennen vor meinem himmlischen Vater. Wer mich aber verleugnet vor den Menschen, den will ich auch verleugnen vor meinem himmlischen Vater." Das hat mich tief bewegt und herausgefordert. Wie steht es um mein Bekenntnis?

Jenny lebt in China. Mit drei Jahren verlor sie ihren Vater. Als sie sechs Jahre alt war, wurde ihre Mutter verhaftet, weil sie zur Untergrundkirche gehörte. Ihr Bruder, ihre Schwester und auch Gemeindeglieder kümmerten sich um sie. Als Jenny zwanzig Jahre alt war, wurde ihre Mutter erneut verhaftet und ins Gefängnis geworfen. Ihre Mutter sagte ihr: „Nichts geschieht ohne Gottes Willen." Einige Freunde beteten zusammen mit Jenny rund um die Uhr. Sie beten um Vergebung und Rettung des Polizisten, der ihre Mutter verhaftet hatte. Dieser Polizist starb später an einer Krankheit, aber zuvor bat er noch Jennys Familie um Vergebung.

Jenny selbst wurde dreimal verhaftet, konnte aber jedes Mal fliehen. Als sie das erzählte, weinte sie. Nicht wegen des Leids, sondern weil sie so tief bewegt war, dass sie für Jesus leiden durfte. Leiden dürfen? Was für eine ganz andere Perspektive. Jenny möchte als Missionarin in den Sudan gehen. „Ich gehöre zu den Verfolgten. Ich möchte den Verfolgten dienen." Wem wollen wir dienen? Und was darf es uns kosten? Auch Leid?

Richard Wurmbrand war im kommunistischen Rumänien insgesamt vierzehn Jahre im Gefängnis, davon drei Jahre in unterirdischen Kerkern in Einzelhaft. Warum? Weil sein mutiges Glaubensbekenntnis den regierenden Kommunisten ein Dorn im Auge war. War damit alles vorbei? Nein. Wurmbrand kam frei, reiste um die ganze Welt und berichtete von den Glaubenserfahrungen der Untergrundkirche. Wurmbrand wurde damit zur Stimme der Märtyrer und gründete die *Hilfsaktion Märtyrerkirche*, die heute noch diese Arbeit weiterführt, von den Glaubenszeugnissen verfolgter Christen berichtet und in rund 45 Ländern mit über 150 Projekten den bedrängten Geschwistern hilft.

Was in einer Gefängniszelle hätte enden sollen, wurde zur Geburtsstunde einer weltweiten Arbeit. Wie Gott das Blatt wenden kann! Er ist der souveräne HERR. Jesus hat alle Macht im Himmel und auf Erden. Nicht die Terroristen. Nicht die Diktatoren. Nicht die Krankheitsmächte. Jesus hat alle Macht. An diesen HERRN klammern sich die bedrängten Christen. An diesen HERRN darf ich mich auch klammern, das lerne ich von ihnen.

Das vorliegende Buch hilft, anhand der großen biblischen Linien Leid, Not und auch Verfolgung richtig einordnen zu lernen: In dieser gefallenen Welt bleibt dem angefochtenen Glauben nichts anderes, als auf Gottes Verheißungen zu vertrauen.

Meine Hoffnung und mein Gebet ist, dass dieses Buch Ihnen hilft, gerade auch über dem Schweren in Ihrem Leben zu verstehen, dass Jesus trotz allem mit seinem Heilsplan zum Ziel kommt und dass er uns als seine zerbrechlichen Gefäße durchtragen will.

Manfred Müller
Missionsleiter Hilfsaktion Märtyrerkirche

EINLEITUNG

„Leben ist die Kunst, Schmerzen zu vermeiden."
Thomas Jefferson, US-Präsident von 1801 bis 1809

„Wir freuen uns auch über die Nöte,
die wir jetzt durchmachen."
Der Apostel Paulus, der im ersten Jahrhundert
an Christen in Rom schreibt (Römer 5,3)

Mit welcher dieser beiden Aussagen können Sie sich leichter identifizieren? Wenn wir ehrlich sind, würden vermutlich viele von uns den ersten Satz wählen. Leiden ist schließlich nicht etwas, das wir herbeisehnen.

Wer von uns im Westen lebt, ist in einem Umfeld aufgewachsen, wo Ruhe und Bequemlichkeit quasi zu den Grundrechten gezählt werden. Schmerzen und Leiden haben da möglichst nichts zu suchen und sollten tunlichst vermieden werden. Sogar viele bekennende Nachfolger Jesu Christi haben sich an diese Geisteshaltung gewöhnt, ohne darüber bewusst nachgedacht zu haben. Geht es nicht auch beim Christsein vor allem um *Freude*?

In vieler Hinsicht stimmt das natürlich. Das Leben als Christ sollte geprägt sein von der Freude daran, Jesus Christus zu kennen. Aber diesseits von der Ewigkeit ist das nur die *eine* Seite der Medaille.

Dieses Buch handelt vom Leiden, genauer gesagt von einer besonderen Form des Leidens. Es geht nicht um das allen Menschen gemeinsame Leiden, also das Leiden, dass durch Krankheit, Verlust, Naturkatastrophen oder die scheinbar willkürlichen Höhen und Tiefen der menschlichen Existenz verursacht wird. All das ist natürlich auch zutiefst bedeutsam. In diesem Buch geht es jedoch um die Art von Leiden, die uns widerfährt, *weil* wir Nachfolger Jesu Christi sind. Wenn andere dieses Leiden vorsätzlich verursachen, dann sprechen wir von „Verfolgung".

In der Regel denken Christen im Westen nicht genügend über Verfolgung nach. Das ist keine Überraschung. Heftige Verfolgung ist seit vielen Jahren für Christen in unserem Teil der Welt keine übliche Erfahrung gewesen. Gelegentlich werden wir aufgeschreckt durch eine sich zunehmend gegen den christlichen Glauben wendende Einstellung in unserer immer stärker säkularen Gesellschaft. Aber zumeist spielt Verfolgung in unserem Denken und unseren Gebeten keine große Rolle.

Vielen Menschen fällt zum Thema Verfolgung lediglich ein, was in den ersten nachchristlichen Jahrhunderten geschah, bevor der römische Kaiser Konstantin die Toleranz gegenüber dem Christentum gesetzlich verankerte. Andere nehmen Verfolgung wahr als etwas, das an entscheidenden Wendepunkten der Geschichte, wie etwa während der Reformationszeit, auftrat. Wiederum andere würden sagen, dass bedauernswerterweise Verfolgung auch heute an solchen Orten vorkommt, wo Menschen unterdrückt werden, weil ihnen die Freiheit, die wir im aufgeklärteren Westen seit Langem genießen, nicht gewährt wird. Wenn wir von solcher Verfolgung hören, sind wir natürlich empört. Vielleicht drängt es uns sogar hin und wieder zu beten: „Lieber Herr, schütze alle, die um ihres Glaubens willen verfolgt werden. Amen!"

Verfolgung und der Aspekt des Leidens für (und sogar *mit*) Christus sind aber absolut zentral für einen im Neuen Testament verwurzelten christlichen Glauben und für die Nachfolge Christi. Große Teile des Neuen Testaments wurden vor dem Hintergrund von Verfolgung geschrieben. Aus Sicht dieser Schriften ist das Leiden für Christus der Normalzustand für Christen. Die Evangelien berichten, wie Jesus seinen Jüngern sagt: „Um meines Namens willen werdet ihr von allen Menschen gehasst werden" (Matthäus 10,22) und „Wenn sie mich verfolgt haben, werden sie auch euch verfolgen" (Johannes 15,20). Gegen Ende seines Lebens kommt der Apostel Paulus zum Schluss: „Im Übrigen sind Verfolgungen etwas, womit alle rechnen müssen, die zu Jesus Christus gehören und entschlossen sind, so zu leben, dass Gott geehrt wird" (2. Timotheus 3,12). Ähnlich schreibt der Apostel Petrus: „Liebe Freunde, wundert euch nicht über die Nöte, die wie ein Feuersturm über euch hereingebrochen sind und durch die euer Glaube auf die Probe gestellt wird; denkt nicht, dass euch damit etwas Ungewöhnliches zustößt. Freut euch vielmehr, dass ihr auf diese Weise an den Leiden teilhabt, die Christus durchmachen musste; denn dann werdet ihr, wenn er in seiner Herrlichkeit erscheint, erst recht von Freude und Jubel erfüllt sein" (1. Petrus 4,12–13).

Dieser Blickwinkel des im ersten Jahrhundert geschriebenen Neuen Testaments kann für uns westliche Christen problematisch erscheinen. Unsere spontane Reaktion mag sein: „Das erleben wir nicht so. Und jahrhundertelang hat es auch die Gemeinde Jesu nicht erlebt."

Es erstaunt daher nicht – und das haben schon andere bemerkt, die über das Thema Verfolgung schrieben –, dass wir in unserem Bemühen, die Bibel den Menschen unserer Zeit zugänglich zu machen, unbeabsichtigt Abschnitte abschwächen, in denen es hauptsächlich um das Leiden um Christi willen geht.

Ein Beispiel dafür ist die herrliche zweite Hälfte von Römer 8. Der Apostel Paulus beginnt diesen Abschnitt seines Briefes mit der mutigen Erklärung: „Im Übrigen meine ich, dass die Leiden der jetzigen Zeit nicht ins Gewicht fallen, wenn wir an die Herrlichkeit denken, die Gott bald sichtbar machen und an der er uns teilhaben lassen wird" (Römer 8,18). Das ist eine wunderbare Verheißung und eine Erinnerung daran, dass wir als Christen eine sichere und gewisse Hoffnung für die Zukunft haben (wir werden uns in diesem Buch später mit dem Aspekt der „Hoffnung" beschäftigen). Paulus kommt in seiner Argumentation dann zu der herrlichen Schlussfolgerung, dass uns letztlich nichts „von der Liebe Gottes trennen kann, die uns geschenkt ist in Jesus Christus, unserem Herrn" (Römer 8,39). Das sind für jeden Gläubigen ergreifende und tröstende Worte. Kein Wunder, dass viele Christen diesen Abschnitt als eine ihrer Lieblingsstellen in der Bibel bezeichnen.

Aber an welche Art von Leiden denkt Paulus hier? In den vorangegangenen Versen spricht er davon, dass der Heilige Geist unserem Geist Zeugnis gibt, dass wir Kinder Gottes und Miterben mit Christus sind. Dann aber fügt er die aufschlussreiche Bemerkung hinzu (die in Predigten und Bibelarbeiten oft ignoriert wird): „Dazu gehört allerdings, dass wir jetzt mit ihm leiden; dann werden wir auch an seiner Herrlichkeit teilhaben" (Römer 8,17).

Anscheinend denkt Paulus, wenn er in Vers 18 von „Leiden" schreibt, nicht an die vielen und verschiedenartigen Formen von Leiden, die zur gemeinsamen Erfahrung des Menschseins gehören. Vielmehr bezieht er sich in erster Linie auf das Erleben des Christen, der sich mit Christus identifiziert, der für Christus lebt und spricht – und der als Folge davon leidet. Das bedeutet nun nicht, dass die großen Verheißungen in Römer 8 dem Christen, der an Krankheit, Verlust oder Depression leidet, *gar nichts* zu bieten haben. Wenn wir Gottes Wort lesen und studieren, ist es jedoch immer hilfreich, mit der Frage zu beginnen, was der Autor ursprünglich sagen wollte und warum er es gesagt hat. Wenn es also um neutestamentliche Aussagen über Leiden geht, sollten wir zuerst bedenken, was es bedeutet, bereit zu sein, für Christus und sein Evangelium zu leiden, und was wir davon lernen können. Erst danach sollten wir solche Bibelstellen auf andere allgemeinere Formen von Leiden beziehen.

In diesem Buch geht es also um „Leiden für Christus".

Während meiner Arbeit an diesem Buch haben Kollegen immer wieder davon gesprochen, dass ich eine „Theologie der Verfolgung" schriebe. Diese Aussage klang für mich ein bisschen zu gewaltig. Für manche Christen legt der Begriff „Theologie" heute nahe, es gehe um einen dicken Wälzer, voll mit Fußnoten als Verweise auf andere, ebenso dicke, Wälzer. Einige würden, was noch schlimmer wäre, „Theologie" mit einem intellektuellen Zugang im Elfenbeinturm zu den Elementen des christlichen Glaubens identifizieren, der wenig praktischen Bezug hat zu dem sprichwörtlichen „Mann oder der Frau auf der Straße".

Was würde denn nun wirklich eine „Theologie der Verfolgung" beinhalten? Ich meine, mindestens diese drei Dinge:

Erstens sollte sie die *biblischen* Gründe dafür darlegen, warum Christen um ihres Glaubens und Zeugnisses willen Verfolgung erleiden. In unserer komplexen Welt mag es alle möglichen Arten von kulturellen, ideologischen und politischen Gründen dafür geben, warum Christen Widerstand erleben; aber können wir tiefere *geistliche* Gründe benennen?

Zweitens sollte eine solche Theologie klarstellen, welchen Rat die Schrift uns darüber gibt, wie wir angesichts von Verfolgung reagieren sollen, wenn wir sie selbst (in welcher Form auch immer) erleben.

Drittens schließlich sollte sie darlegen, welche Hinweise die Schrift darüber gibt, wie wir reagieren und handeln sollen, wenn wir wissen, dass *andere* Christen um ihres Glaubens willen leiden.

Tatsächlich wird jeder dieser Aspekte an verschiedenen Stellen dieses Buches behandelt. Dennoch: Keiner von ihnen stellt den Hauptzweck des Buches dar.

Missionsgesellschaften im Westen werden Sie ermutigen, ein Bewusstsein für Verfolgung in unserer heutigen Welt zu entwickeln und darauf mit informiertem und zielgerichtetem Gebet und durch die finanzielle Unterstützung von Hilfswerken für Verfolgte zu reagieren. Damit haben sie auch Recht. Dazu komme ich im Schlussteil des Buches.

Wenn jedoch tatsächlich Verfolgung, also das Leiden um Christi willen, ein solch zentrales Thema des Neuen Testaments ist, dann müssen wir noch einen Schritt weiter gehen. Wie wir in diesem Buch untersuchen werden, haben wir im Westen von den Situationen von Verfolgung viel darüber zu lernen, was es überhaupt bedeutet, Christ zu sein. Was wir dort lernen, kann unseren persönlichen und unseren in Gemeinschaft gelebten Glauben vertiefen, stärken und motivieren.

Genau das ist die Hauptabsicht dieses Buches. Wenn wir von Verfolgung lernen wollen, dann müssen wir den Lehren der Bibel erlauben, uns zu prägen und unser Denken zu formen, unser Verständnis dessen, was in der Welt um uns her geschieht, und wie wir zu reagieren haben.

Dieses Buch ist daher nicht in erster Linie *anekdotisch*, obwohl ich gelegentlich der Deutlichkeit halber auf konkrete Situationen von Verfolgung Bezug nehme. In Büchern, Zeitschriften von Missionsgesellschaften und zunehmend auch im Internet können Sie viele Berichte von Verfolgung und Zeugnisse leidender Christen lesen.

Dieses Buch konzentriert sich auch nicht auf *Statistiken*. Auch hier gilt: Vielerorts finden wir heute Analysen und Diskussionen über das wahre Ausmaß von Verfolgung in verschiedenen Teilen der Welt. Dieses Buch beabsichtigt vielmehr, dass *biblische* Themen sich auf unser Verständnis von Verfolgung auswirken – nicht nur, weil wir uns um Verfolgte kümmern sollten, sondern auch, weil Verfolgung ein Thema ist, von dem wir für unseren Glauben sehr viel lernen können.

Meine These ist, dass das biblische Nachdenken über das Thema Verfolgung besonders die folgenden Haltungen in Frage stellt:

- *eine triumphalistische Sicht unserer Mission;*
- *eine konsumorientierte Sicht unserer Botschaft;*
- *eine individualistische Sicht vom Reich Gottes*
- *und eine weltliche Sicht von Hoffnung.*

Zu jeder Zeit und in jeder Kultur können Christen einigen oder allen dieser Versuchungen erliegen. Aber als Christen im Westen, die wir Christus in unserer modernen Welt dienen wollen, müssen wir uns dieser Gefahren besonders bewusst sein. Wir leben in, sind umgeben von und werden beeinflusst von einer Kultur, die eben gerade triumphalistisch, konsumorientiert, selbstbezogen, individualistisch und vor allem weltlich ist. Wenn wir den Lehren des Neuen Testaments erlauben, uns auf diesen fünf Gebieten herauszufordern, zu formen und zu verwandeln, dann werden wir dadurch in unserem Glauben gesegnet, wir werden gestärkt und besser ausgerüstet für unser Leben mit Christus und für unseren Dienst für ihn und sein Reich.

Wir werden daher in den folgenden Kapiteln jedes dieser Themen nacheinander behandeln. Dabei werden wir entdecken, dass die ernsthafte Beschäftigung mit der Problematik von Verfolgung helfen kann, biblische Wahrheiten zur Wirksamkeit in unserem Leben und dem Leben unserer Kirche zu bringen. Wenn wir Gott in unserer heutigen Welt dienen wollen, brauchen wir das.

KAPITEL 1

UNSEREN ZUGANG ZU MISSION ERNEUERN

Eine der schwerwiegendsten Fragen der Menschheit ist zugleich die kürzeste: „Warum?“

Eltern fragen so mit zerrissenen und betäubten Gefühlen, wenn sie ihr kleines Kind beerdigen müssen. Wir fragen oft so, wenn es zu Katastrophen kommt, das Fernsehen die Nachricht von zerstörtem Leben in unsere Wohnzimmer trägt und uns das Elend sinnlos erscheint.

Zweifellos ist das Leiden auch eine der tiefsten Herausforderungen für den Glauben von Nachfolgern Jesu. Es wirft Fragen auf über den Charakter Gottes, von dem Christen ja behaupten, er sei souverän und allmächtig – und gleichzeitig voller Liebe. Weist das Leiden darauf hin, dass unser Gott nicht eingreifen kann oder nicht eingreifen will? Wer sich einer vernünftig begründeten schriftlichen Verteidigung des christlichen Glaubens widmet („Apologetik“), kommt nicht um den Versuch herum, das gewaltige Problem des Leidens anzusprechen.

Das vorliegende Buch will dieses umfassende Thema nicht tiefgehend philosophisch angehen. Es soll jedoch hier zugestanden werden, dass – wie allgemeinere Formen des Leidens auch – die hier besprochene spezielle Form der Verfolgung bei Christen harte Fragen aufwerfen kann.

Wir könnten fragen: Warum lässt Gott zu, dass seine Leute für ihren Glauben an ihn leiden? Wie kommt es, dass Menschen, die aus Liebe die Botschaft Jesu Christi weitergeben, manchmal Feindschaft, Gewalt, Inhaftierung oder sogar das Martyrium erleben?

Selbst das Nachdenken über diese Dinge kann, um es milde auszudrücken, herausfordernd sein. Wir leben in einem gesellschaftlichen und kulturellen Umfeld, das wie selbstverständlich menschlicher Selbstgenügsamkeit, Erfolg und Triumph applaudiert. Und natürlich wünschen wir uns alle Erfolg – sei es im Beruf, im Sport oder in der Fürsorge für unsere Familie. Auch als Christen möchten wir unsere Gemeinde wachsen sehen und in den evangelistischen Bemühungen um Menschen erfolgreich sein. So gerne würden wir den Vormarsch des Evangeliums sehen und erleben, wie der Glaube, den wir bekennen, seinen Siegeszug in der Welt fortsetzt. Verfolgung scheint im Gegensatz zu all diesen Zielen zu stehen. Sie ähnelt eher dem Versagen.

Genau das ist die Stelle, an der biblisch über Verfolgung nachzudenken ein Segen für uns sein kann. Dieses Nachdenken stellt eine grob vereinfachende und triumphalistische Sicht von Gottes Mission in der Welt und der Rolle, die wir als Christen darin spielen, in Frage.

Mission und Treue

Manchmal frage ich mich: Wer von uns hat nicht schon einmal mit einem Gemisch von Bewunderung, Neid und Missgunst auf die größere Kirche ein paar Straßen weiter geschaut? Die Christen dort scheinen auf viel größere Ressourcen zurückgreifen zu können, das Gemeindehaus ist viel moderner ausgestattet und sie schaffen es, mehr junge Leute anzuziehen. All das wirkt so erfolgreich.

Es ist nichts Falsches daran, neueste Technologien zu nutzen oder einfach Teil einer großen, blühenden Kirche zu sein. Die Frage ist aber: Sind das die Dinge, die wir als Gemeinde anstreben? Sind das die Dinge, die uns letztlich Frieden, Sicherheit und Freude vermitteln?

Die Versuchung ist vielleicht raffinierter, als wir zugeben möchten. Wir leben ja in einer Kultur, die auf Wettstreit und Erfolgsstreben aufbaut, sei es im Sport, im Warenhandel, in der Geschäftswelt und einfach überall. Die alles durchdringende Welt der Werbung überredet uns dazu, uns nach dem zu sehnen, was noch größer und luxuriöser ist; nach allem, das uns laut und klar vermittelt, wir seien ein „Erfolg".

In der Nacht, als Jesus verhaftet wurde, standen seine Jünger in der Versuchung, mit aller ihrer Kraft die Menschenmenge abzuwehren, die gekommen war, um Jesus zu greifen. Jesus gebot ihnen, die Schwerter wegzustecken, und fügte hinzu: „Oder glaubst du nicht, dass ich meinen Vater um Hilfe bitten könnte und dass er mir sofort mehr als zwölf Legionen Engel zur Seite stellen würde?" (Matthäus 26,53). Eine „Legion" bestand in der Antike aus 3000 bis 6000 Männern. Wenn man weiß, wie furchterregend die Erscheinung auch nur *eines* Engels in der Bibel geschildert wird, dann ist das schon einmal eine Ansage! Jesus erinnerte seine Jünger daran, dass eine fast unvorstellbar große Kraft zu seiner Verfügung stand – aber er war entschlossen, sie nicht zu nutzen.

Es wird ein Tag kommen, wenn die Allmacht des Herrn sichtbar werden wird, wenn „... sich einmal alle vor ihm auf die Knie werfen, alle, die im Himmel, auf der Erde und unter der Erde sind. Alle werden anerkennen, dass Jesus Christus der Herr ist" (Philipper 2,10–11). Aber laut dem großen und ewigen Plan Gottes war dieser Tag im Garten Gethsemane noch nicht gekommen, und das gilt auch für heute.

Außerdem fügt Jesus gleich anschließend die Frage hinzu: „Wie würden sich dann aber die Voraussagen der Schrift erfüllen ...?" (Matthäus 26,54). Für Jesus ging es bei seiner Mission vor allem um Treue gegenüber seiner Berufung und damit um Gehorsam. Für einen zufälligen Beobachter jener Szene im Garten hätte Jesus verwundbar und schwach ausgesehen. All die wunderbaren Aussichten der vorangegangenen Jahre schienen durch die schändliche Verhaftung mitten in der Nacht auf einen eher lahmen und enttäuschenden Schlusspunkt zuzulaufen. In diesem Augenblick lag den Jüngern Jesu vermutlich die tiefe Frage auf den Lippen: „Warum?" Warum konnte der, der die Kranken geheilt, eine Volksmenge wundersam gespeist und sogar die Toten zum Leben erweckt hatte, nicht seinen Feinden widerstehen und sie einfach beiseiteschieben?

Die Antwort ist, dass Gott gerade in dieser offensichtlichen Schwachheit und Verwundbarkeit Jesu machtvoll eingriff. Durch das Zeugnis der Schrift wissen wir, wie die Geschichte ausgeht. Wir dürfen aber dieses lebenswichtige Prinzip nicht vergessen. Als Christen im Westen, die dem Herrn inmitten unserer erfolgsorientierten Gesellschaft dienen wollen, müssen wir uns ständig an dieses entscheidende Missionsprinzip erinnern: Unser souveräner Gott kommt durch Schwachheit und Verwundbarkeit zu seinen Zielen.

Wenn wir uns also mit denen beschäftigen, die am meisten Verfolgung erleiden, wenn wir mit ihnen vertraut werden und uns mit ihnen identifizieren, dann werden wir an dieses Prinzip erinnert und sehen, wie Gott es in der heutigen Welt verwirklicht.

An vielen Orten, wo Christen heftige Verfolgung erleiden, ist die Kirche eine schwache, verachtete Minderheit, eine leichte Beute für Unterdrücker, die aus ideologischen oder religiösen Gründen danach hungern, ihre eigene Macht und ihre Privilegien zu etablieren oder zu sichern. In manchen Fällen wächst die Kirche – *trotz* oder sogar *wegen* der Verfolgung. An anderen Orten ist Wachstum weniger offensichtlich. Es geht auch gar nicht in erster Linie um Wachstum. Vielmehr sollten wir bei denen, die Christus in einer solchen herausfordernden und feindlichen Umgebung dienen, nach Treue suchen. Wir sollten sie nicht als „Superchristen" auf ein Podest stellen, sondern vielmehr erkennen, dass hinter ihrer offensichtlichen Schwachheit die große Kraft der erstaunlichen Gnade Gottes liegt, die weiter in der Welt wirksam ist und die Kirche in ihrer Mission stärkt.

Diese Kraft kann man sehen in den elend schwachen, eingesperrten Christen, die grausame Barbarei erdulden und trotzdem Freude ausstrahlen und das Evangelium ihren Mitgefangenen weitergeben. Man kann diese Kraft auch sehen in der christlichen Witwe, deren Familie abgeschlachtet und deren Haus zerstört wurde, die aber dennoch nicht aufhört, Gottes Güte und Treue zu bekennen. Die Kraft kann man auch sehen in der Gemeinde, die gezwungenermaßen nur in kleinen Untergrundzellen operieren kann, die aber weiter Jesus anbetet und ihn bezeugt.

Mission und Leiden

Jesus war nicht überrascht von den Ereignissen jener Nacht im Garten Gethsemane. Während seines Dienstes hatte er zu mehreren Gelegenheiten vom künftigen Leiden gesprochen. Nachdem der Apostel Petrus mutig und öffentlich erklärt hatte, dass Jesus der verheißene Messias sei, hatte Jesus begonnen, seine Jünger auf besondere Weise über den weiteren Verlauf zu lehren: „Danach redete Jesus mit seinen Jüngern zum ersten Mal offen darüber, dass er nach Jerusalem gehen und dort von den Ältesten, den führenden Priestern und den Schriftgelehrten vieles erleiden müsse; er werde getötet werden und drei Tage danach auferstehen" (Matthäus 16,21). Achten Sie auf das Wort „müsse". Darin kam nicht etwa düstere Resignation zum Ausdruck oder eine Art zögernde Anerkennung, dass das Schicksal es so wolle: „Jungs, ich kann sehen, wie sich die Dinge entwickeln, und es tut mir leid, sagen zu müssen, dass es nicht gut aussieht." Nein, vielmehr war dieses „müsse" eine positive Bejahung dessen, wozu er auf die Erde gekommen war: Der Menschensohn war gekommen, nicht „dass er sich dienen lasse, sondern dass er diene und gebe sein Leben als Lösegeld für viele" (Matthäus 20,28). Das war seine Mission. Dafür war er gekommen.

Wir können sogar sagen, dass Jesus bei jedem Schritt auf seinem Weg offensichtlich die Kontrolle in der Hand behielt und das nicht nur, als er wundersam heilte, Tote auferweckte und erfolgreich Menschen in seine Nachfolge rief. Er behielt die Kontrolle auch *zur Zeit seiner scheinbaren Niederlage* in der Hand. Er hatte doch gelehrt, dass er die göttliche Autorität besitze, sein Leben niederzulegen und es wieder zurückzunehmen (Johannes 10,17–18). Im Bericht des Johannes über die Verhaftung scheinen seine Gegner von ihm merkwürdig eingeschüchtert zu sein (Johannes 18,6). Und doch erlaubt er seine eigene Gefangennahme. Vor Pilatus erklärt er: „Du hättest keine Macht über mich, wenn es dir nicht von oben gegeben wäre“ (Johannes 19,11). In den Augen der Welt mag diese letzte Aussage aussehen wie ein Akt gespielter Tapferkeit, so wie der Revolutionär mit einem entschlossenen und aufsässigen Grinsen auf dem Gesicht zur Hinrichtung schreitet.

Der Glaube erkennt hier jedoch eine andersartige und sehr wichtige Wirklichkeit: Der souveräne, allmächtige Gott hat weiter die Kontrolle über das, was geschieht, selbst wenn die Ereignisse einen anderen Schluss nahelegen. Er hat die Zügel in der Hand, als sein Sohn leidet. Das wird später dem Apostel Petrus klar, der ja bekannterweise bei der Verhaftung Jesu kläglich geflohen war. In seiner ersten evangelistischen Predigt erklärt Petrus aber nun: „Diesen Jesus, der *durch Gottes Ratschluss und Vorsehung* dahingegeben war, habt ihr durch die Hand der Ungerechten ans Kreuz geschlagen und umgebracht“ (Apostelgeschichte 2,23).

Oft sehen die, die sich im Schmelztiegel schlimmster Verfolgung befinden, dies durch die Gnade Gottes sehr klar, oft klarer als wir, die wir im vergleichsweise freien Westen leben. Wer das ungeheure Vorrecht hat, Gottes verfolgte Leute an verschiedenen Orten der Welt zu besuchen und ihnen zuzuhören, der ist betroffen von der tiefen Freude und Lebenskraft, die in ihrem Glauben sichtbar werden. Sie scheinen weniger geneigt, die „Warum“-Frage zu stellen als wir, die wir ihre Leiden aus sicherer Entfernung beobachten. Sie sind keine Masochisten. Sie genießen es nicht, verfolgt zu werden, aber oft ist ihnen intensiv bewusst, dass Gott durch ihre Leiden wirkt. Natürlich sollten wir für sie beten. Natürlich können und sollten wir einen Teil unserer umfangreichen Ressourcen einsetzen, um sie zu unterstützen und auszurüsten. Aber eigentlich dienen sie uns, indem sie mitten im Leiden ein treues Zeugnis ablegen.

Der Apostel Paulus schrieb an die Christen in Thessaloniki: „Und ihr habt das Evangelium auch wirklich angenommen, obwohl ihr schweren Anfeindungen ausgesetzt wart, und habt diese mit einer Freude ertragen, wie nur der Heilige Geist sie schenken kann. Damit seid ihr unserem Beispiel und dem Beispiel des Herrn gefolgt und seid selbst zu einem Vorbild für alle Gläubigen in den Provinzen Mazedonien und Achaia geworden" (1. Thessalonicher 1,6–7). Er nennt sie ein „Vorbild", durch das die anderen Christen ermutigt werden. Ähnlich können heute die verfolgten Christen ein Vorbild für uns sein, ein Vorbild für gelebten und standhaften Glauben angesichts von Bedrängnis und Leiden.

Die meisten von uns sind demütig genug zuzugeben, dass wir aus christlicher Gemeinschaft Ermutigung, Unterstützung und Stärke schöpfen. Die kirchliche Gemeinschaft, der wir angehören, mag nicht vollkommen sein – und trotzdem wissen wir, dass es uns langfristig sehr gut tut, ein Teil dieser Gemeinschaft zu sein.

Deshalb ist es ungeheuer wertvoll für uns, uns ehrlich und engagiert mit dem Leben weltweit verfolgter Christen zu beschäftigen. Ihr mutiges Zeugnis angesichts von Feindseligkeit stellt unser oft fades Zeugnis inmitten unserer angenehmen Umstände in Frage. Es geht nicht darum, uns Schuldgefühle einzureden oder uns selbst als hoffnungslose Versager aufzugeben. Aber die Gemeinschaft mit den Verfolgten ist Teil unserer Nachfolge und wird für uns zum Segen.

Mission und das Kreuz

In der atemberaubenden Eröffnung seines Briefes an die Epheser erklärt der Apostel Paulus, dass Gott seine Leute „schon vor der Erschaffung der Welt“ dazu erwählt hat, „in Christus“ zu sein, indem sie durch sein Blut, das heißt, seinen Opfertod am Kreuz, erlöst wurden. Laut Paulus geschah all das gemäß dem großen Plan und Ziel Gottes (Epheser 1,4–10). Mit anderen Worten: Das Kreuz war niemals Gottes Plan B. Es war keine geistesgegenwärtige Improvisation Gottes als Reaktion auf den schockierenden und überraschenden Sündenfall der Menschen. Die Schrift erklärt uns, dass es, *schon vor der Erschaffung der Welt*, Gottes Absicht entsprach, dass sein ewiger Sohn in die Welt kommen würde, um für uns zu sterben.

Diese Tatsache ist von ungeheurer Bedeutung für unser Nachdenken über Leiden. Wenn das Kreuz ein zentraler Bestandteil von Gottes Plan und Ziel für die Schöpfung war und ist, dann heißt das, dass wir einen Gott haben, der schon immer die Absicht hatte, selbst persönlich und nah mit Leiden zu tun zu haben. Das war Teil seines Planes.

Das vermittelt nicht unbedingt eine Antwort auf jeden philosophischen Einwand, den die Existenz des Leidens angesichts eines souveränen und gleichzeitig liebenden Gottes darzustellen scheint. Es bedeutet aber, dass die Inkarnation, der Tod und die Auferstehung Jesu zu dem Ort werden, von dem aus Gläubige sich den Leiden dieses Lebens stellen und darauf reagieren können. Das Kreuzesgeschehen schien eine Niederlage zu sein – eine Niederlage, verbunden mit erniedrigender Zurückweisung. Obwohl das so aussah, wissen wir jedoch, dass das Kreuz den größten Sieg in der Menschheitsgeschichte darstellte.

Der Sieg über Sünde und Tod ist der Herzschlag unseres Glaubens und hat durch die Jahrhunderte hindurch zahllose Lieder und Hymnen der Anbetung, des Lobs und des Dankes inspiriert. Das Kreuz ist das letztgültige Symbol des christlichen Glaubens – und dieses Symbol spricht von Leiden, von

Gott, der für uns Leiden auf sich nimmt. Für den verfolgten Christen bedeutet das, dass sein qualvolles Leiden für Christus eine große Würde erhält. So ermutigte auch der Apostel Paulus Christen des ersten Jahrhunderts, die von Verfolgung betroffen waren, mit der Aufforderung: „Freut euch vielmehr, dass ihr auf diese Weise an den Leiden teilhabt, die Christus durchmachen musste; denn dann werdet ihr, wenn er in seiner Herrlichkeit erscheint, erst recht von Freude und Jubel erfüllt sein. Ja, wenn ihr beschimpft werdet, weil ihr zu Christus gehört und nach seinem Namen genannt seid, seid ihr glücklich zu preisen; denn gerade dann ruht der Geist der Herrlichkeit, der Geist Gottes, auf euch" (1. Petrus 4,13–14). In einem späteren Kapitel werden wir detaillierter auf diese Verheißung eingehen.

Es ist interessant, dass Petrus sich auf das „Beschimpft werden" bezieht. Vermutlich haben nur wenige Christen im Westen persönlich so schwerwiegende Formen von Verfolgung erlebt wie unsere Glaubensgeschwister in anderen Regionen der Welt. Viele wissen aber, wie es sich anfühlt, aufgrund unseres Glauben verspottet oder ausgelacht zu werden oder sogar einen rational nicht zu erklärenden Ärger beim Nachbarn, bei Freunden oder Verwandten auszulösen, wenn wir versuchen, ihnen etwas von unserem Glauben an Christus zu vermitteln.

Angesichts von Opposition durchzuhalten, entscheidet sich nicht daran, ob wir von Natur dünnhäutig oder heldenhaft sind. Es geht nicht um Sprüche wie: „Was uns nicht tötet, macht uns nur noch härter". Durchzuhalten ist eine Gnadengabe Gottes, die uns der schenkt, der selbst für uns durchgehalten hat. Aus diesem Grund ermutigt uns der Schreiber des Hebräerbriefes, beständig auf Jesus zu schauen: „Weil Jesus wusste, welche Freude auf ihn wartete, nahm er den Tod am Kreuz auf sich, und auch die Schande, die damit verbunden war, konnte ihn nicht abschrecken. Deshalb sitzt er jetzt auf dem Thron im Himmel an Gottes rechter Seite“ (Hebräer 12,2).

Das gilt für jeden Christen. Allerdings haben die, die im Schmelztiegel der Verfolgung am stärksten auf die Probe gestellt wurden, diese Lektion vermutlich besser gelernt als wir, die wir in der Regel ein vergleichsweise bequemes Leben für Christus leben können. Das Vorbild der Verfolgten ist ein Segen für uns – aber nur dann, wenn wir nicht Zeit und Mühe scheuen, sie und ihre Geschichten kennenzulernen.

Mission und das Kreuz des Einzelnen

Das Kreuz hat allerdings in seiner Beziehung zu Mission und Leiden noch eine weitere bedeutende Dimension.

Natürlich ist das Kreuz Jesu Christi einzigartig. Sein Opfer am Kreuz geschah ein für alle Mal. Nur er allein war dafür geeignet, an die Stelle von Sündern wie uns zu treten und unsere Versöhnung zu erreichen, indem er die Folgen unserer Sünde trug. Nur von Jesus Christus kann behauptet werden: „Den, der ohne jede Sünde war, hat Gott für uns zur Sünde gemacht, damit wir durch die Verbindung mit ihm die Gerechtigkeit bekommen, mit der wir vor Gott bestehen können“ (2. Korinther 5,21). Nichts kann dem Leiden Christi am Kreuz hinzugefügt werden. Nichts kann die ewige Errettung, die in ihm und durch Glauben an ihn zu finden ist, vollständiger oder gewisser machen. Das müssen wir unbedingt verstehen und festhalten.

Nachdem wir aber die Einzigartigkeit seines Todes anstelle der Sünder bekräftigt haben, müssen wir auch erkennen, dass die Autoren des Neuen Testaments darüber hinaus in seinem Leiden ein Vorbild sehen, dem wir folgen sollen. Der Apostel Petrus schreibt als Ermutigung an verfolgte Christen: „Aber wenn ihr leiden müsst, obwohl ihr Gutes tut, und dann standhaft bleibt – das findet Gottes Anerkennung, denn dazu hat er euch berufen. Auch Christus hat ja für euch gelitten und hat euch damit ein Beispiel hinterlassen. Tretet in seine Fußstapfen und folgt ihm auf dem Weg, den er euch vorangegangen ist" (1. Petrus 2,20–21).

Die Leiden Christi sind für uns ein Vorbild, dem wir folgen, wenn wir angesichts von Verfolgung durchhalten. Seine Leiden sind aber noch mehr: Sie stellen auch ein Modell für unseren Dienst und unsere Mission dar. Die offensichtliche Schwachheit Christi, die wir im Garten Gethsemane gesehen haben, sollte prägend sein für unsere Mission an der Welt.

Diese Tatsache betont der Apostel Paulus besonders stark in seinen beiden Briefen an die Korinther. Die Beziehung von Paulus zur christlichen Kirche in Korinth war sehr komplex. Es scheint so, dass der Apostel Korinth mindestens bei drei Gelegenheiten besucht hat. Der erste Besuch, bei dem die Gemeinde gegründet wurde, dauerte mehr als eineinhalb Jahre (vgl. Apostelgeschichte 18,1–18). In den folgenden Jahren hat er wohl mindestens vier Briefe an die dortige Gemeinde geschrieben.[1]

Zwischen den Zeilen der beiden neutestamentlichen Briefe scheint durch, dass die christliche Gemeinde von Korinth wohl ein überhöhtes Selbstbild hatte. Wenn Menschen heute das Neue Testament lesen, haben sie manchmal den Eindruck,

1 Zusätzlich zu den zwei im Neuen Testament enthaltenen Briefen bezieht sich Paulus in 1. Korinther 5,9 auf einen früheren Brief, während er im 2. Brief an einen vorangegangen Brief erinnert, in dem er einen besonderen Fall von Gemeindezucht behandelt hatte (vgl. 2. Korinther 2,3–9). Das Thema, auf das er sich dabei bezieht, lässt sich nur schwer mit dem 1. Korintherbrief in Einklang bringen. Man geht daher von der Existenz eines Briefes aus, der zwischen den beiden erhaltenen Briefen verfasst wurde.

die Gemeinde in Korinth sei eine lebendige und aufregende Kirche gewesen. Aber eigentlich wird deutlich, dass die in der Gemeinde vorherrschende Haltung sowohl geistlich unreif als auch auf gefährliche Weise weltlich war. Das sollten wir immer im Auge behalten, wenn wir uns mit dem beschäftigen, was Paulus der Gemeinde zu sagen hat. Paulus scheint sich manchmal geradezu ironisch auf den geistlichen Eifer der Christen zu beziehen und legt damit nahe, dass sie eher arrogant waren (zum Beispiel 1. Korinther 1,5–7; 2. Korinther 8,7). Von besonderem Interesse ist hier aber nun, was Paulus über Mission sagt.

Wenn es um das Thema Verfolgung geht, ist 1. Korinther 1,18–2,5 ein grundlegender Abschnitt. Paulus erinnert die Korinther in diesen Versen daran, dass nicht nur der Inhalt des Evangeliums in den Augen der Welt „töricht" erscheint, sondern auch die Botschafter *und* die Art, in der sie die Botschaft an die Welt ausrichten.

Schauen wir zuerst auf den *Inhalt*. Da geht es natürlich um das Kreuz unseres Herrn Jesus Christus. Paulus sagt: „Mit der Botschaft vom Kreuz ist es nämlich so: In den Augen derer, die verloren gehen, ist sie etwas völlig Unsinniges; für uns aber, die wir gerettet werden, ist sie der Inbegriff von Gottes Kraft" (1. Korinther 1,18). Paulus bemühte sich, das, was Christus am Kreuz getan hatte, sowohl an Juden als auch an Nichtjuden weiterzugeben. Allerdings ist die Botschaft vom gekreuzigten Christus, so fährt Paulus fort, „für die Juden … eine Gotteslästerung und für die anderen Völker völliger Unsinn" (1. Korinther 1,23). Die Juden, so Paulus, sind ständig auf der Suche nach Zeichen – vermutlich nach Zeichen der Kraft Gottes. Die Griechen auf der anderen Seite lassen sich von philosophischer Weisheit beeindrucken (1. Korinther 1,22). Beiden Seiten erscheint das Kreuz Christi als ungenügend. Im Zentrum der christlichen Mission steht eine Botschaft, die den Augen der Welt als schwach und lächerlich erscheint. Wenn wir Gott in dieser Welt dienen wollen, müssen wir das begreifen.

Zum Zweiten sind da die *Botschafter*, die die Botschaft ausrichten. Paulus schreibt: „Seht euch doch einmal in euren eigenen Reihen um, Geschwister: Was für Leute hat Gott sich ausgesucht, als er euch berief? Es sind nicht viele Kluge und Gebildete darunter, wenn man nach menschlichen Maßstäben urteilt, nicht viele Mächtige, nicht viele von vornehmer Herkunft. Im Gegenteil: Was nach dem Urteil der Welt ungebildet ist, das hat Gott erwählt, um die Klugheit der Klugen zunichte zu machen, und was nach dem Urteil der Welt schwach ist, das hat Gott erwählt, um die Stärke der Starken zunichte zu machen. Was in dieser Welt unbedeutend und verachtet ist und was bei den Menschen nichts gilt, das hat Gott erwählt, damit ans Licht kommt, wie nichtig das ist, was bei ihnen etwas gilt. Denn niemand soll gegenüber Gott mit vermeintlichen Vorzügen prahlen können" (1. Korinther 1,26–29). Zum einen fällt die Zusammensetzung der christlichen Kirche im kosmopolitischen Korinth auf. Paulus will jedoch damit nicht sagen, dass Gott Sie nicht gebrauchen kann, falls Sie reich, mächtig und intellektuell sind! Worauf es ankommt, ist zu erkennen, dass Sie nicht eines dieser Merkmale aufweisen *müssen*, um von Gott zu wirkungsvollem Dienst in seinem Reich gebraucht zu werden. Das läuft natürlich den Vorstellungen der Welt von Erfolgsrezepten diametral entgegen. Dort gilt doch: „Hast du was, bist du was!" oder: „Geld regiert die Welt".

Schließlich geht es auch um die *Methode*, die die Botschafter anwenden. Sie sollen ganz einfach das Evangelium predigen. Mehrmals in diesem Zusammenhang betont Paulus das

(1. Korinther 1,17.21.23; 2,1.4). Er stellt dabei seine Methodik in Kontrast zu dem, was er als „Weisheit“ bezeichnet. An dieser Stelle sollten wir Paulus nicht falsch verstehen. Paulus meint nicht, dass er selbst nur herumschwafelt. Es geht in seiner Aussage auch nicht um anti-intellektuelle Spitzen. Wenn er seinen Dienst am Evangelium in den Gegensatz zu weltlicher Weisheit stellt, heißt das ganz sicher nicht, dass Paulus grob vereinfachend oder banal predigte. Paulus war schließlich selbst ein Mann von großem Intellekt – und Gott gebrauchte diesen Intellekt sehr wirkungsvoll in seinem Predigen und Lehren. Paulus betont lediglich den Gegensatz zwischen der christlichen Aufgabe, zu predigen und zu erklären, was Christus am Kreuz tat, und der Art von weltlicher, philosophischer Weisheit, die rhetorisch beeindruckend vorgetragen wurde und die Christen in Korinth so faszinierte, dass ihnen die einfache Botschaft vom Kreuz nicht mehr auszureichen schien. Demgegenüber betont Paulus: „Als ich zu euch kam, Geschwister, um euch das Geheimnis zu verkünden, das Gott uns enthüllt hat, versuchte ich nicht, euch mit geschliffener Rhetorik und scharfsinnigen Argumenten zu beeindrucken. Nein, ich hatte mir vorgenommen, eure Aufmerksamkeit einzig und allein auf Jesus Christus zu lenken – auf Jesus Christus, den Gekreuzigten“ (1. Korinther 2,1–2).

Die Kirche im Westen täte gut daran, diese Lehre zu befolgen; denn wir leben in einer Welt, in der die äußere Form und die Präsentation tendenziell sehr viel zählen. Unsere Kultur wird zunehmend von dem zwanghaften Verlangen, unterhalten zu werden, getrieben. Leider sind diese Merkmale manchmal auch in der Kirche zu finden. Im Gegensatz dazu konnte Paulus den Korinthern ganz fröhlich erklären: „Außerdem fühlte ich mich schwach; ich war ängstlich und sehr unsicher, als ich zu euch sprach. Was meine Verkündigung kennzeichnete, waren nicht Überredungskunst und kluge Worte; es war das machtvolle Wirken von Gottes Geist. Denn euer Glaube sollte sich nicht auf Menschenweisheit gründen, sondern auf Gottes Kraft" (1. Korinther 2,3–5). Die Kraft, auf die Paulus sich hier bezieht, ist nicht die Art von Kraft, die die Welt beeindruckt. Diese Kraft können wir nicht selbst durch unsere Klugheit oder unsere Weisheit entfachen oder manipulativ einsetzen, indem wir in Versammlungen eine gewisse „Atmosphäre" erzeugen. Auch unsere rhetorischen Fähigkeiten können diese Kraft nicht auslösen. Es geht um Gottes Kraft. Gott nimmt die einfache Darbietung des Evangeliums und gebraucht sie, wann immer es ihm gefällt, um das Leben von Menschen zu verwandeln.

Oft scheinen die Glieder von Gottes Kirche, die heute den schwersten Formen von Verfolgung ausgesetzt sind, diese Lehre am klarsten zu verkörpern; denn ihnen steht oft sehr wenig von der Kraft, den Möglichkeiten und Vorteilen der Welt zur Verfügung. Dort wird das Evangelium nicht in der neusten Glanzverpackung präsentiert. Menschen, die kaum mehr mit sich führen als eine Bibel (und manchmal noch nicht mal die), erzählen ganz einfach anderen von Jesus. Und selbst wenn sie dafür massiv leiden müssen, machen sie weiter.

Bei einem Besuch in Indien traf ich einen Pastor, der aus einer hinduistischen Priesterkaste stammte. Als er zum Glauben an Christus kam, stellten seine Familie und der Rest des Dorf sich ihm entgegen. Sie versuchten, ihn zur Rückkehr zum Hinduismus zu zwingen. Als er sich weigerte, wurde er zusammengeschlagen und aus dem Dorf vertrieben. Ihm blieb nichts als die Kleider auf dem Leib. Christliche Freunde unterstützten ihn jedoch und halfen später, seine Bibelschulausbildung zu finanzieren. Als er die Bibelschule abgeschlossen hatte, ging er zurück in sein Heimatdorf, um das Evangelium zu verkündigen. Wieder waren Hindu-Extremisten seine Gegner. Sie drohten damit, sein Haus zu zerstören, und beschuldigten ihn bei der örtlichen Polizei, Menschen durch Zwang und Bestechung zu Christen zu machen.

Äußerlich hatte der Mann nichts, womit er andere beeindrucken konnte. Aber er hatte das Evangelium. Und Menschen begannen sich zu öffnen. Unter ihnen war sein eigener Vater, der ihn anfangs schroff abgelehnt hatte. Solche Zeugnisse sind ein mächtiger Hinweis auf das souveräne Wirken Gottes und eine Erinnerung an das wichtige Prinzip der Mission, nämlich dass Gottes Kraft in und durch menschliche Schwachheit wirkt.

Als Paulus begann, den 2. Korintherbrief zu schreiben, war seine Beziehung mit der Gemeinde noch problematischer geworden. Anscheinend war die Gemeinde unter den Einfluss einer Gruppe von Reisepredigern geraten. Zu bestimmen, wer diese Prediger waren und welche Art von Problemen sie verursachten, gehört zu den Schlüsselfragen beim Studium des 2. Korintherbriefes, wie einschlägige Bibelkommentare bestätigen. Auf der einen Seite scheint es so, als seien diese Wanderprediger von jüdischer Herkunft gewesen (vgl. 2. Korinther 11,22). Auf der anderen Seite waren die Probleme, die durch ihre Tätigkeit entstanden, nicht spezifisch jüdisch. Es gibt zum Beispiel keinen Hinweis darauf, dass sie die Heidenchristen drängten, die äußerlichen Gebräuche des Judentums zu übernehmen. Mit solchen Ansichten war Paulus ja früher in seinem Dienst konfrontiert worden und hatte sich in seinem Brief an die Galater sehr energisch dagegen gewandt. Bei den korinthischen Predigern scheint es jedoch gar nicht um grundlegende theologische Fragen gegangen zu sein.

Vielmehr scheinen sie Menschen gewesen zu sein, die äußere Kraft und Dynamik betonten. Sie legten großen Wert auf ihr

Ansehen (2. Korinther 3,1; 10,12), auf ihre kraftvolle Redekunst und ihr mitreißendes Wissen (2. Korinther 11,6) sowie auf den Eindruck, den sie hinterließen. Sie benahmen sich herrisch gegenüber denen, die sie gewonnen hatten (2. Korinther 11,20) und haben möglicherweise damit angegeben, wunderwirkende Kräfte zu besitzen (2. Korinther 12,12). Außerdem würdigten sie den Dienst des Apostels herab, weil die von ihnen hervorgehobenen Merkmale äußerlich bei ihm zu fehlen schienen. Paulus war in ihren Augen kein eindrücklicher Redner, obwohl er, so behaupteten sie, diesen Eindruck in seinen Briefen vermittelte (2. Korinther 10,10). Sie machten ihn wohl auch schlecht, weil er so wenige seiner eigenen jüdischen Landsleute durch die Botschaft des Evangeliums gewonnen hatte (2. Korinther 4,3–4).

Der springende Punkt ist vermutlich der Bezug des Paulus auf „die sich mit äußeren Vorzügen rühmen, statt auf innere Werte zu achten“ (2. Korinther 5,12). Trotz des offenkundigen Fehlens lehrmäßiger Probleme kann man fragen, ob der Dienst dieser Leute überhaupt als christlich zu bezeichnen ist. Paulus nennt sie sarkastisch „Überapostel“ (2. Korinther 11,5; 12,11). Er stellt ihre Aufrichtigkeit in Frage (2. Korinther 2,17) und unterstellt ihnen, die Botschaft zu manipulieren, um mehr Nachfolger zu gewinnen (2. Korinther 4,2). Stark zugespitzt nennt er ihre Botschaft ein „anderes Evangelium“ (2. Korinther 11,4).

Wenn wir radikal ehrlich mit uns selbst sind, ist es nicht schwer, sich diese Leute vorzustellen oder zu verstehen, warum die Korinther sich so leicht von ihnen gewinnen ließen. Wir sehen nämlich die gleiche Grundhaltung in manchen Bereichen der westlichen Kirche heute, wo so viel in das investiert wird, was groß, eindrücklich und mächtig ist. Viele Christen lehnen, ohne zu zögern, die offensichtlichen Auswüchse des Wohlstandsevangeliums („prosperity gospel“) ab. Aber gleichzeitig können wir uns hingezogen fühlen zu allem, was auf eine subtilere Weise mächtig und eindrücklich aussieht. So kann es unattraktiv sein, einer kleinen örtlichen Gemeinde treu zu bleiben, wenn man nur ein paar Kilometer fahren muss, um Teil von etwas Größerem und Aufregenderem zu sein. Die treue Auslegungspredigt und das einfache Lehren von Gottes Wort muss manchmal zurücktreten – sowohl in Bezug auf die Anleitung von Gläubigen als auch für Evangelisation – hinter dem Verlangen, unterhalten und abgelenkt zu werden.

Die Reaktion des Paulus auf den, wie ich es nennen möchte, weltlichen Triumphalismus seiner Gegner ist bemerkenswert. Gegen Ende des Briefes, besonders in Kapitel 12, beteiligt er sich zwar auf eine eher ironische Weise am Angeben; aber eigentlich lässt er sich auf keinen Wettstreit mit ihnen ein, besonders in den Bereichen, in denen sie ihn und seinen Dienst am meisten kritisiert haben. Er macht sich zum Beispiel nicht daran, Eindruck zu schinden mit einer Liste der von ihm gegründeten Gemeinden. Da hätte er ja durchaus etwas zu bieten gehabt. Aber wie reagiert Paulus im 2. Korintherbrief? Er reagiert unter Verweis auf *seine Schwachheit und sein Leiden.*

Gerade im Leiden für die Sache des Evangeliums erlebt Paulus seine Einheit mit Christus (2. Korinther 1,5). Wir haben ja gesehen, dass Jesus selbst durch Schwachheit und Leiden ging. Ja, es ist Kraft in der Mission; aber es ist die Kraft Gottes im Evangelium Gottes (2. Korinther 4,5–6). Das Volk Gottes, dem die Aufgabe anvertraut wurde, der Welt das Evangelium zu verkündigen, wirkt im Kontrast dazu schwach und mag zur Beute der mächtigen Kräfte der Verfolgung in dieser Welt werden. Wenn wir das Hauptthema der paulinischen Argumentation im 2. Korintherbrief zusammenfassen sollten, dann wäre das wohl: „Gottes Kraft zeigt sich in menschlicher Schwachheit“. Paulus bringt diesen Kontrast sehr schön auf den Punkt: „Wir allerdings sind für diesen kostbaren Schatz [nämlich das Evangelium], der uns anvertraut ist, nur wie zerbrechliche Gefäße, denn es soll deutlich werden, dass die alles überragende Kraft, die in unserem Leben wirksam ist, Gottes Kraft ist und nicht aus uns selbst kommt“ (2. Korinther 4,7). Töpferware aus Ton war das Material, mit dem gewöhnliche Menschen der antiken Welt täglich umgingen. Genauso sind Menschen, die das Evangelium von Jesus Christus in der Welt verkündigen: gewöhnlich – und sogar zerbrechlich! Warum ist das so? Damit wir wissen und uns daran erinnern, dass die Kraft, Leben umzuformen, von Gott kommt und nicht von uns. Während die Gegner von Paulus sich ihres „Erfolges“ und ihrer Stärke rühmten, ist das Leben des Paulus gekennzeichnet durch Leiden und Schwachheit. Aber gerade dadurch wirkt Gott (2. Korinther 4,8–9; 6,4–10; 11,22–33).

Christen sind, so Paulus im Folgenden, Botschafter Christi. Welch ein nobler Titel! Durch uns lässt Gott seinen Ruf an die Welt ergehen, mit ihm durch den rettenden Opfertod seines Sohnes versöhnt zu werden (2. Korinther 5,18–20). Unsere Rolle als Botschafter üben wir jedoch nicht aus durch äußerliche Zurschaustellung von Macht und Einfluss. Wir versuchen nicht, Menschen dadurch zu gewinnen, dass wir sie beeindrucken. Wir dienen vielmehr als Botschafter, indem wir dem Herrn vertrauen, sein Evangelium verkündigen und bereit sind, für ihn zu leiden. Laut Paulus erweisen wir uns gerade darin als Diener Gottes (2. Korinther 6,4–5; 11,24–27). Aus diesem Blickwinkel kann Paulus seine Haltung zur Mission so zusammenfassen: „Daher will ich nun mit größter Freude und mehr als alles andere meine Schwachheiten rühmen, weil dann die Kraft von Christus in mir wohnt. Ja, ich kann es von ganzem Herzen akzeptieren, dass ich wegen Christus mit Schwachheiten leben und Misshandlungen, Nöte, Verfolgungen und Bedrängnisse ertragen muss. Denn gerade dann, wenn ich schwach bin, bin ich stark" (2. Korinther 12,9b–10). Für Paulus war das wirklich apostolische Leben gekennzeichnet von Not, Gefahr und Verfolgung – nicht von Beifall.

Wenn Paulus sich also bemüht, dem Einfluss der schillernden Besucher in Korinth entgegenzuwirken, preist er einen Lebensstil, der vor allem von Schwachheit gekennzeichnet ist (2. Korinther 4,5; 13,4).

Diese Blaupause für Mission läuft so vielem diametral entgegen, was wir – besonders im Westen – von der uns umgebenden Welt hören. Natürlich können wir von der nichtchristlichen Welt für die Mission manches lernen über fachliche Kompetenz, Ausbildung oder Organisationsformen. Aber letztlich vertrauen wir in der christlichen Mission nicht auf uns selbst, unsere Kreativität, unseren Scharfsinn und unser Können, sondern auf den Herrn.

Dieser letzte Satz könnte leicht als Selbstverständlichkeit abgetan werden. Ich bin aber davon überzeugt, dass wir beim Studium der Lehren des Paulus immer wieder darauf stoßen werden. Natürlich könnte man dann meinen, es genüge, einfach weiter die Bibel zu lesen und zu beherzigen. Oft ist es jedoch hilfreich zu sehen, wie die Wahrheit der Schrift in der uns umgebenden Wirklichkeit geerdet ist. Daher illustrieren etwa Prediger die Wahrheiten, die sie lehren, mit Geschichten oder mit Zitaten christlicher Schriftsteller.

Wenn nun die Kirche heute durch heftige Verfolgung geht, dann wird tatsächlich die Lehre des Neuen Testaments über das Leiden für Christus und das Evangelium und über die Kraft Gottes, die sich in Schwachheit offenbart, geerdet, greifbar und sichtbar. Im Leben des leidenden Volkes Gottes können wir deutlich Glauben wahrnehmen, das heißt die totale Abhängigkeit von Gott in der Gewissheit, dass er die einfache, nicht ausgeschmückte Verkündigung des Evangeliums nutzen wird, um sein Reich zu bauen. Das Zeugnis dieser leidenden Christen, ihre Hingabe in der Mission inmitten offensichtlicher Schwachheit und oft durchs Leiden hindurch ist eine herausfordernde Erinnerung an die Prinzipien, die der Apostel Paulus betont hat.

Wenn wir uns im Westen mit Verfolgung beschäftigen, aus biblischer Perspektive darüber nachdenken und sie zu einem zentralen Thema in unserem Verständnis des christlichen Lebens machen, dann kann das helfen, zu einer stärker auf Gott zentrierten Sicht von Mission zu gelangen. Das neutestamentliche Modell für Dienst und Mission ist durch Selbstaufopferung und offensichtliche Schwachheit gekennzeichnet: „Wir werden als Betrüger angesehen, aber wir halten uns an die Wahrheit. Wir werden nicht beachtet und sind doch anerkannt. Ständig sind wir vom Tod bedroht, und doch sind wir – wie ihr seht – immer noch am Leben. Wir werden schwer geplagt und kommen doch nicht um. Wir erleben Dinge, die uns traurig machen, und sind doch immer voll Freude. Wir sind arm und machen doch viele reich. Wir besitzen nichts, und doch gehört uns alles" (2. Korinther 6,8b–10).

Diese Charakterisierung des Dienstes anzunehmen, bedeutet gleichzeitig, dem Ruf von Jesus selbst gehorsam zu sein. Er sagte ja seinen Jüngern: „Wenn jemand mein Jünger sein will, muss er sich selbst verleugnen, *sein Kreuz auf sich nehmen* und mir nachfolgen" (Matthäus 16,24). Wenn Verfolgung in unserem Nachdenken über das Leben als Christ wenig oder gar keinen Raum einnimmt, dann sind wir versucht, solche Worte zu verwässern und sie ziemlich breit und allgemein auf irgendwelche Arten von Schwierigkeiten oder Missgeschicken anzuwenden, die uns widerfahren. „Das ist nun eben mein Kreuz, das ich tragen muss", ist eine Redewendung, die wir unter Christen häufig benutzen für alle möglichen Probleme, von chronischen Rückenschmerzen bis zu einem Haus voller launischer Teenager.

Kurz bevor Jesus über *unser* Kreuz sprach, hatte er jedoch begonnen, seine Jünger über *sein* Kreuz (Matthäus 16,21) zu lehren. „Unser Kreuz auf uns zu nehmen", bedeutet demnach, bereit zu sein, für Jesus und das Evangelium zu leiden – und vielleicht auch für ihn zu sterben.

Zwischen den Worten über das Kreuz Jesu und denen über unser Kreuz steht interessanterweise der Versuch des Petrus, Jesus von diesem Weg abzuhalten: „Niemals, Herr!… Auf keinen Fall darf so etwas mit dir geschehen" (Matthäus 16,22). Zu diesem Zeitpunkt gab es im Verständnis des Petrus von dem Messias und seiner Mission keinen Platz für Leiden. Als Jude verstand Petrus das Kommen des Messias als Beginn des letztgültigen irdischen und sichtbaren Sieges Gottes über seine Feinde.

Jesus reagiert jedoch auf seine Worte mit einem scharfen Tadel: „Geh weg von mir, Satan! Du willst mich zu Fall bringen. Was du denkst, kommt nicht von Gott, sondern ist menschlich" (Matthäus 16,23). Das Kommen des Messias würde tatsächlich den vollen und letztgültigen Sieg Gottes über Sünde und Tod sichern – aber der Weg zu diesem Sieg war von Leiden gekennzeichnet.

Jesus beschreibt die Haltung des Petrus als „menschlich" statt „von Gott". Das wäre genauso eine passende Zusammenfassung der Gesinnung jener „Superapostel" in Korinth, auf die Paulus reagiert. Es wäre auch eine passende Zusammenfassung einer triumphalistischen Sicht christlicher Mission oder ganz allgemein einer Sicht vom Leben als Christ, die wenig oder gar nicht über das Thema Verfolgung oder über das Leben mit menschlicher Schwäche durch die Gnade Gottes nachdenkt.

Verfolgung stellt eine grob vereinfachende, triumphalistische Sicht von christlicher Mission infrage. Wenn wir die Wirklichkeit von Verfolgung anerkennen und biblisch über sie nachdenken, dann verweist uns das auf den Gott, der seine souveränen Pläne und eben auch *seine* Mission zum Ziel bringt in und durch menschliche Schwachheit. So geschah es im Leben und Wirken Jesu Christi, wie wir es besonders deutlich am Kreuz sehen. Und so geschieht es auch in der Mission, zu der Christus seine Nachfolger beruft. Wenn wir uns also mit der Verfolgung des Volkes Gottes heute in unserer Welt auseinandersetzen, dann kann das ein echter Segen für uns sein, wenn wir dadurch den Ruf zur Mission in einer stärker auf Gott zentrierten Weise annehmen.

Inwiefern veranlasst uns aber das christliche Evangelium selbst, Leiden und Verfolgung als unverzichtbaren Teil der Mission zu sehen? Dieser Frage werden wir uns im nächsten Kapitel zuwenden.

UNSERE ANTWORT

- Lesen Sie 2. Korinther 4! Was können wir daraus lernen über die Mission Gottes und unsere Rolle darin? Welches Licht wirft dieses Kapitel der Bibel auf die Tatsache der Verfolgung?

- „Unser souveräner Gott verwirklicht seine Ziele durch Schwachheit und Verwundbarkeit." Wie beeinflusst diese Aussage Ihr Denken über die Mission der Kirche?

- Was könnte es praktisch bedeuten, in unserer Mission in der Welt dem Beispiel Jesu zu folgen?

KAPITEL 2

UNSER VERSTÄNDNIS DES EVANGELIUMS SCHÄRFEN

Wir leben in einer vom Konsum bestimmten Welt. In dieser Welt „hat der Kunde immer recht". Selbst wenn das mal nicht so ist, muss man zumindest mit ihm kalkulieren.

Was machen Sie in diesem Kontext nun, falls sie als „Händler" oder als „Anbieter" zu kämpfen haben? Falls Ihr Geschäft nicht so wächst wie angestrebt? Falls Sie keine Erfolgsstory zu präsentieren haben? Nun, natürlicherweise schauen Sie dann, was Sie ändern können: vielleicht das Firmenlogo, vielleicht die Art der Vermarktung oder die Zielgruppe Ihrer Werbung.

In der vom Konsum bestimmten Welt ist eine Änderung des Images eine sehr ernsthafte Angelegenheit. Wirtschaftsexperten schreiben zahlreiche Bücher über gute und schlechte Lektionen, die man aus Erfahrungen bei der Änderung des Images lernen kann: Achten Sie darauf, was die Öffentlichkeit sagt und wie sie reagiert. Gebrauchen Sie Slogans, die den Verbrauchern signalisieren, dass Sie auf ihre Bedürfnisse und Forderungen eingehen – und so weiter. So kann eine Fast-Food-Kette versuchen, ihre Attraktivität zu steigern, indem sie neue Anzeigen über ihren Kaffee schaltet. Eine angeschlagene Technologiefirma entwickelt ein neues schlankes Produkt in wundervoller Verpackung und startet damit eine globale Revolution.

Und dann gibt es auch noch die Kirche.

Wie jedes Unternehmen hat auch die Kirche eine Mission. Die Mission der Kirche ist es, um mit ihrem Gründer zu sprechen, „hinzugehen und alle Völker zu Jüngern zu machen" (Matthäus 28,19). Was macht nun die Kirche, falls ihre Mission scheinbar ins Straucheln gerät, falls sie nicht wächst, sondern schrumpft? Hier liegt die Gefahr.

Es ist eine Versuchung für die Kirche – und ich würde annehmen, besonders für die Kirche im Westen –, dem Muster der Welt zu folgen: Konzentration auf Techniken und Marketingstrategien, die ansprechend und attraktiv sind. Dies als „Versuchung" zu bezeichnen, heißt nicht, den Wert von kultureller Relevanz und Erreichbarkeit zu leugnen. Ich will auch gar nicht Programme in Frage stellen, die der Kirche helfen können, in Kontakt mit Menschen vor Ort zu kommen oder konkreter auf Bedürfnisse der Mitmenschen einzugehen. Die Kirche soll durchaus wissen, wie sie auf die Welt an ihrer Türschwelle eingehen kann.

Aber die Kirche im Westen muss sich daran erinnern, dass im Zentrum ihrer Mission eine Botschaft liegt, die die Welt *ablehnen* wird, ganz einfach, weil sie die Welt ist. Und das ist kein Hinweis darauf, dass die Botschaft falsch sei oder dass wir ein neues Image kreieren müssen. Ganz sicher sollten wir nicht die Kanten dieser Botschaft abrunden, um sie mundgerechter zu machen – und wir müssen verstehen, warum das nicht geht.

Im vorangegangenen Kapitel hielten wir fest, dass die unreifen Christen in Korinth anscheinend beeindruckt waren von denen, die Dinge auf eine weltliche Weise erledigten und die

Mission und ihren Erfolg in weltlichen Begriffen maßen. In seinem zweiten Brief an diese Kirche sagt Paulus im Gegensatz dazu über seinen eigenen Dienst: „Wir haben uns bewusst entschieden, nicht mit unwürdigen Methoden zu arbeiten, bei denen wir das Licht des Tages scheuen müssten. Wir greifen nicht zu betrügerischen Mitteln und verfälschen Gottes Botschaft nicht. Im Gegenteil, weil wir uns Gott gegenüber verantwortlich wissen, machen wir die *Wahrheit* bekannt, und gerade dadurch empfehlen wir uns dem Gewissen jedes einzelnen Menschen“ (2. Korinther 4,2). In den anschließenden Versen führt er dann aus, dass dann, wenn Menschen diese Botschaft ablehnen, der Grund dafür ist, dass „der Gott dieser Welt“ (Satan) sie „mit Blindheit geschlagen“ hat. Die Haltung des Paulus in Bezug auf seine Mission und seine Botschaft, nämlich einfach weiterzumachen, würden moderne Marketingexperten nicht unterstützen. Diese Haltung ist bei Paulus jedoch nicht in Sturheit oder arrogantem Vertrauen auf seine eigenen Mittel und Fähigkeiten verwurzelt, sondern in seiner Bereitschaft, die Ergebnisse seiner Arbeit der souveränen Gnade Gottes zu überlassen.

Damit kommen wir zu einer zweiten Art, in der das biblische Nachdenken über Verfolgung ein Segen für uns sein kann. Ein solches Nachdenken stellt eine konsumorientierte Sicht unserer Botschaft in Frage und schärft dadurch unser Verständnis des wahren Evangeliums.

Verfolgung der Kirche

Was entdecken wir, wenn wir die verfolgte Kirche kennenlernen wollen – in China, Indien, dem Iran, in Pakistan, Nigeria und an vielen anderen Orten weltweit?

Wir werden eine Kirche sehen, die oft verachtet ist, häufig leidet, die aber Christus treu bleibt und nicht aufhört, das Evangelium zu predigen – eben das Evangelium, für das sie verachtet wird.

Sie ist natürlich keine vollkommene Kirche. Die gibt es nirgendwo. Die Absicht dieses Buches ist nicht eine Aufforderung, die verfolgte Kirche zu verherrlichen, so wie Sportfans ihre Lieblingsmannschaft oder ihren Lieblingsspieler verherrlichen. Die Absicht ist vielmehr, klarzumachen, dass die Auseinandersetzung mit Verfolgung, die Identifizierung mit verfolgten Christen und ihre Unterstützung nicht nur unsere Verantwortung ist, sondern uns und unseren Gemeinden auch zum Segen wird.

Wenn wir beginnen zu entdecken, was weltweit *gegen* Christen unternommen wird, müssen wir einfach fragen: Was hat der christliche Glaube an sich, dass solche Reaktionen hervorgerufen werden? Wovor haben die Leute Angst? Christen haben doch eine Botschaft, die wir als „gute Nachricht" (so die Bedeutung von „Evangelium") beschreiben. Im Allgemeinen sind Christen friedliebende Menschen und gute Staatsbürger. Was hat das christliche Evangelium, dass es solch eine Feindschaft hervorruft?

Jesus lehrte seine Jünger ganz klar, diese Art von Reaktion zu erwarten. Zu einem Zeitpunkt in seinem Dienst auf dieser Erde sandte er seine Jünger zu einer Art von beispielgebender Missionsausbildung aus. Dabei warnte er sie: „Seht, ich sende euch wie Schafe mitten unter die Wölfe. Seid darum klug wie die Schlangen und ohne Falsch wie die Tauben. Nehmt euch in Acht vor den Menschen! Sie werden euch in ihren Synagogen vor Gericht stellen und auspeitschen" (Matthäus 10,16–17). Und es wird noch schlimmer! Er fährt nämlich fort: „Menschen werden ihre nächsten Angehörigen dem Henker ausliefern: der

Bruder den Bruder und der Vater sein Kind; und auch Kinder werden sich gegen ihre Eltern stellen und sie töten lassen. Um meines Namens willen werdet ihr von allen Menschen gehasst werden" (Matthäus 10,21–22a). Das hört sich kaum nach einem inspirierenden Bewerbungsgespräch an! Hätte Jesus nicht stärker die positiven Seiten des Dienstes für ihn betonen sollen?

Was Jesus sagt, ist ernüchternd realistisch. Wenn heute ein Mensch aus einer muslimischen Familie zum Glauben an Christus kommt, dann stellen in vielen Ländern mit muslimischer Bevölkerungsmehrheit die Menschen, die ihm am nächsten stehen, also Geschäftspartner, Freunde oder sogar Glieder der eigenen Familie, die größte Gefahr für ihn dar.

Ich habe von einem islamischen Geistlichen in Pakistan gehört, der zum Glauben an Christus kam. Als sich die Nachricht herumsprach, dass er Christ geworden sei, musste er von zu Hause fliehen. Seine Frau zeigte ihn beim Familiengericht an, was dazu führte, dass er seine Kinder drei Jahre lang nicht sehen durfte. Ehemalige Freunde trachteten ihm nun nach dem Leben. Einige Zeit später kam durch Gottes Gnade seine Frau zum Glauben. Dadurch kamen sie wieder zusammen. Für Christus zu leben, bedeutete jedoch für den Mann weiterhin, sich vor seinen ehemaligen Kollegen verbergen zu müssen.

In den Worten Jesu steckt auch eine tiefe geistliche Wahrheit. Seine Warnungen erinnern uns daran, welch eine radikale Botschaft das christliche Evangelium ist. Ja, es ist eine gute, sogar die beste Botschaft, denn es bietet Gottes Barmherzigkeit und Vergebung an. Es erklärt, dass wir selbst Gott kennenlernen können, und vergewissert uns des ewigen Lebens in seiner herrlichen Gegenwart. Aber von Barmherzigkeit und Vergebung zu reden, heißt ja gleichzeitig, an unsere Sünde und unser Versagen erinnert zu werden. Das Evangelium lädt uns ein, zu Jesus zu kommen, wie wir sind. Dafür müssen wir aber erkennen, dass wir Sünder sind, und das heißt, dass wir mit Buße und Glauben kommen müssen und das Recht Jesu anerkennen, Herr unseres Lebens zu sein.

Wenn wir das aus dieser Perspektive sehen, dann werden wir erinnert, dass das christliche Evangelium gegenüber dem menschlichen Stolz und der Selbstbezogenheit wie eine Beleidigung wirkt. Nur durch die Gnade Gottes kann ein Mensch das akzeptieren. Wenn die Kirche diese Wahrheiten aus den Augen verliert, riskiert sie, in ihrer Art, Mission zu treiben, der Welt zu folgen, indem sie verzweifelt versucht, Außenstehende davon zu überzeugen, dass es ihnen Glück, Spaß und Freundschaft mit wirklich netten, an Gott gläubigen Menschen bringt, wenn sie sich zur christlichen Kirche halten. All das und mehr kann natürlich eine Folgeerscheinung sein; aber das ist nicht das Evangelium.

Im Westen lebt die Kirche noch weitgehend unter dem Schutz einer Kultur und eines Rechtssystems mit jüdisch-christlichen Wurzeln. Das hat zur Folge, dass Sie vielleicht ausgelacht werden für Ihren christlichen Glauben; aber wahrscheinlich wird Ihr Haus nicht deswegen zerstört und Sie müssen nicht damit rechnen, wegen Ihres Glaubens inhaftiert zu werden. In anderen Gegenden der Welt ist das Umfeld für die christliche Kirche ganz anders. Wo die vorherrschende Kultur und manchmal sogar das Recht des Landes das erlaubt, kann die Gesellschaft ihre Reaktion auf das „beleidigende" christliche Evangelium ungezügelter zum Ausdruck bringen.

Hass gegen Jesus

In der Nacht, bevor Jesus gekreuzigt wurde, nutzte er die Zeit beim letzten Abendessen mit seinen Jüngern, um sie zu lehren

(Johannes 13–16) und im Sinne dieser Lehre zu beten (Johannes 17). Jesus sieht dabei über seinen Tod, seine Auferstehung und seine Himmelfahrt hinaus auf die Zeit, in der wir jetzt leben – die Zeit zwischen seinem ersten Kommen als leidender Gottesknecht und seiner Wiederkunft als mächtiger Herr und Richter. Seine Botschaft richtet sich auf das, was es für seine Jünger bedeuten wird, ihm in der Welt zu dienen. Jesus wird mit ihnen sein durch die Gabe und Gegenwart des Heiligen Geistes.

Seine Nachfolger sollen nicht vergessen, dass er der einzige Weg zum Vater ist. Sie sollen ihm treu bleiben und der Welt durch die Liebe zueinander zeigen, dass sie zu Jesus gehören.

Und wenn sie all das tun, dann wird die Welt sie wahrscheinlich *hassen*: „Wenn die Welt euch hasst, dann denkt daran, dass sie mich schon vor euch gehasst hat. Sie würde euch lieben, wenn ihr zu ihr gehören würdet, denn die Welt liebt ihresgleichen. Doch ihr gehört nicht zur Welt; ich habe euch aus der Welt heraus erwählt. Das ist der Grund, warum sie euch hasst" (Johannes 15,18–19). Diese Worte zu hören und anzunehmen, fällt uns, ehrlich gesagt, nicht leicht. Der Gedanke, dass uns jemand hasst, ist uns nicht angenehm. Abgelehnt zu werden – sei es in ausdrücklich aggressiver oder aber gleichgültiger Haltung –, ist eine unbequeme Erfahrung. Wahrscheinlich finden viele von uns Evangelisation daher so schwierig.

Im Johannesevangelium bezieht sich das Wort „Welt" häufig auf Menschen, die Jesus offenkundig ablehnen. Jesus sagt nun, dass der Hass, der sich gegen Christen richtet, eigentlich Ausdruck des Hasses gegen Jesus selbst ist. Wenn Christen verfolgt werden, dann zeigt die Welt, was sie über Jesus denkt.

Wenn Christen für Jesus leben und ihn der Welt verkündigen, dann wird die Welt durch die Botschaft des Evangeliums herausgefordert, die zu Jesus als Retter und Herr ruft. Wir sollten nicht überrascht sein, dass die Welt, die es vorzieht, in sündhafter Rebellion zu beharren, diese Botschaft ablehnen wird. Manchmal, wenn sich die Gelegenheit dazu ergibt, wird die Welt diese Botschaft gewalttätig ablehnen.

Ein Beispiel dafür, wie der Hass gegen Jesus als Hass gegen seine Nachfolger zum Ausdruck gebracht wird, sehen wir im frühen Leben des Apostels Paulus. Als er noch der eifernde Pharisäer Saul war, war er Frontkämpfer der Gegner dieser neuen „Sekte" der Jesusnachfolger. Wir begegnen ihm erstmals im Bericht über das Martyrium des Stephanus, wo gesagt wird, er habe auf die Oberkleidung derer aufgepasst, die die Steinigung durchführten, und diese Todesstrafe habe seine Billigung gefunden (Apostelgeschichte 7,58–8,1).

Kurze Zeit später führt Saul selbst die Angriffe auf die Nachfolger Jesu an. Dann jedoch wird er auf dem Weg nach Damaskus, wo er noch mehr von ihnen verhaften will, durch eine Vision des auferstandenen Herrn gestoppt. Was sagt nun Jesus zu ihm: „Saul, Saul, warum verfolgst du *mich*?" (Apostelgeschichte 9,4). Nicht: „Warum verfolgst du meine Nachfolger?", sondern: „Warum verfolgst du *mich*?" Jesus zeigt hier: Die Einstellung und die Taten Sauls gegen die Christen sind eine Ablehnung von Jesus selbst. „Ich bin der, den du verfolgst. Ich bin Jesus", sagt der Herr ganz pointiert (Apostelgeschichte 9,5).

Ein Nachfolger Jesu zu werden und dementsprechend zu leben, ist kaum eine gute Methode, sich in der Welt beliebt zu machen. Wie wir schon sahen, erklärt Jesus: „Sie würde euch lieben, wenn ihr zu ihr gehören würdet, denn die Welt liebt ihresgleichen. Doch ihr gehört nicht zur Welt; ich habe euch aus der Welt heraus erwählt. Das ist der Grund, warum sie euch hasst" (Johannes 15,19). Das heißt natürlich nicht, dass alle Nichtchristen einander lieben, glänzend miteinander auskommen und nur die Christen verachten. Wir müssen nur einen

Blick in unsere Zeitungen werfen oder die täglichen Nachrichten ansehen, um zu verstehen, dass Hass und Feindschaft weit verbreitet und komplex sind. Es geht aber hier darum: Wenn immer Christen Christus treu sind, dann werden sie in der Menge auffallen. Um mit einem anderen Bild zu sprechen: Sie werden „gegen den Strom schwimmen". „Mit dem Strom" zu schwimmen, ist weit einfacher, ist aber nicht die beste Idee, wenn man auf die andere Seite gelangen will. Wie wir schon sagten: Das Evangelium ist eine radikale, herausfordernde Botschaft, die den menschlichen Stolz beleidigt und die natürlicherweise von Menschen abgelehnt wird.

Im Johannesevangelium wird diese Wirklichkeit eindrücklich durch das anschauliche Bild von Licht und Finsternis illustriert. „Ein anderes Mal, als Jesus zu den Leuten sprach, sagte er: ‚Ich bin das Licht der Welt. Wer mir nachfolgt, wird nicht mehr in der Finsternis umherirren, sondern wird das Licht des Lebens haben'" (Johannes 8,12). In seinem Prolog beschreibt Johannes Jesus als das „wahre Licht", das in die Welt gekommen ist – und trotzdem, so berichtet er, kannte die Welt ihn nicht und nahm ihn nicht auf (Johannes 1,9–11). Warum? Wenig später wird uns gesagt: „So vollzieht sich das Gericht an den Menschen. Das Licht ist in die Welt gekommen, und die Menschen liebten die Finsternis mehr als das Licht, weil ihr Tun böse war" (Johannes 3,19).

Falls jemand Sie in einem verdunkelten Raum mit einer starken Taschenlampe anleuchten sollte, wäre es Ihre natürliche Reaktion, ihre Augen abzuwenden oder sie vor dem Licht zu schützen. Genau das ist die natürliche Reaktion der sündhaften menschlichen Natur gegenüber Jesus: „Denn jeder, der Böses tut, hasst das Licht; er tritt nicht ins Licht, damit sein Tun nicht aufgedeckt wird" (Johannes 3,20). Das Licht, das Gott auf wundervolle Weise offenbart (Johannes 1,18), stört gleichzeitig die, die ihn ablehnen.

Unkenntnis Gottes

Die Ablehnung Jesu, die natürliche Standardreaktion von Menschen, ist eine sehr ernste Angelegenheit, weil Jesus kam, um Gott zu offenbaren, ja, uns mit Gott auszusöhnen.

Der Hass der Welt auf die Christen, so Jesus, spiegelt ihren Hass und ihre Ablehnung von Gott selbst wieder. Er fährt daher fort: „Doch alles, was sie gegen euch unternehmen, ist gegen meinen Namen gerichtet; *denn sie kennen den nicht, der mich gesandt hat*" (Johannes 15,21).

Wenn die Welt also Christen verfolgt, dann bringt sie damit ihre Ablehnung des Christus, den die Christen vertreten, zum Ausdruck. Wer „zur Welt gehört", will nichts zu tun haben mit dem Christus, der ein heiliges Licht in die sündhaften Herzen scheinen lässt und der sie ruft, ihn als ihren Herrn anzunehmen. Und indem die Welt gerade so reagiert, bringt sie zum Ausdruck, dass sie den einen wahren Gott nicht kennt, denn Jesus ist der einzige Weg zu Gott (Johannes 14,6; 1,18).

Jesus zieht daraus die logische und knallharte Schlussfolgerung: „Wer mich hasst, hasst auch meinen Vater" (Johannes 15,23). Die Verfolgung von Christen ist für uns eine plastische Erinnerung an die sündhafte menschliche Natur, die in Unkenntnis Gottes lebt. Es ist gut, daran erinnert zu werden; denn nur wenn wir wirklich die menschliche Natur verstehen, wie sie uns durch Gott in der Heiligen Schrift gezeigt wird, werden wir verstehen, warum und wie das Evangelium von Jesus Christus die tiefsten und wichtigsten Bedürfnisse des Menschen erfüllt.

Oft sind Christen im Westen überrascht, wenn sie mit der Wirklichkeit und Schwere von Verfolgung weltweit konfrontiert werden. Warum eigentlich? Wir sollten nicht überrascht sein, falls wir ein wirklich biblisches Verständnis der menschlichen Natur und des Evangeliums haben. Beide haben sich nicht verändert.

Verfolgung, also das Leiden für Christus und sein Evangelium, ist, wie wir oben zeigten, ein zentrales Thema der neutestamentlichen Lehre. Daher ist es gut für uns, von der Bibel her über Verfolgung nachzudenken, uns mit der Tatsache von Verfolgung heute ehrlich und tiefgehend auseinanderzusetzen. Das treibt uns nämlich zurück zur Heiligen Schrift und zum Evangelium. Das schärft unser Verständnis der Botschaft, die wir der Welt verkündigen.

Feindschaft Satans

Johannes hat nicht nur die Lehren Jesu an seine Jünger beim letzten gemeinsamen Abendessen bewahrt, sondern auch das Gebet Jesu aufgezeichnet, das er kurz vor seiner Verhaftung gebetet hat (Johannes 17). Auch in diesem Gebet steht der Kontrast zwischen den Nachfolgern Jesu und der Welt im Vordergrund (zum Beispiel in den Versen 6, 9 und 11). Jesus betet dann: „Ich habe ihnen dein Wort weitergegeben, und nun hasst sie die Welt, weil sie nicht zu ihr gehören, so wie auch ich nicht zu ihr gehöre. Ich bitte dich nicht, sie aus der Welt herauszunehmen; aber ich bitte dich, sie vor *dem Bösen* zu bewahren" (Johannes 17,14–15).

Diese Worte Jesu erinnern uns an eine dritte Dimension der Verfolgung, die ebenfalls unser Verständnis des Evangeliums vertieft. Wir hatten gesehen, dass Verfolgung einen Hass auf

Jesus widerspiegelt, dessen Licht die sündhafte Natur unserer Herzen bloßlegt, und wir haben gesehen, dass Verfolgung die Unkenntnis Gottes bei den Menschen bezeugt. Es ist aber ebenfalls wichtig, sich zu erinnern, dass es einen „Bösen" gibt, der darauf aus ist, Gottes Pläne und Ziele in der Welt zu hindern. Damit richtet er sich letztlich gegen das Evangelium – und die Verfolgung der Kirche Gottes ist einer der Wege, die er dabei einschlägt.

Die dramatischen Visionen, die Johannes im Buch der Offenbarung aufgezeichnet hat, erinnern uns daran. In Kapitel 12 wird sozusagen der Vorhang geöffnet, um den geistlichen Kampf offenzulegen, der das Kommen Jesu in die Welt, das Zentralereignis der Menschheitsgeschichte, begleitet hat. Der Drache (in Offenbarung 12,9 als Satan identifiziert) versucht, das Kind zu verschlingen, das „über alle Völker regieren wird" (Offenbarung 12,5). Das war, so sagt uns die Schrift, von Anfang an sein Ziel. Nach der durch Satan angestachelten Urrebellion der Menschheit lesen wir im 1. Buch Mose Gottes Erklärung an die Schlange: „Und ich will Feindschaft setzen zwischen dir und der Frau und zwischen deinem Samen und ihrem Samen; er wird dir den Kopf zertreten, und du wirst ihn in die Ferse stechen" (1. Mose 3,15; *Luther*). In der Vision, die Johannes sieht, entkommt das Kind den Klauen des Drachens und wird „zu Gott hinaufgenommen und zu seinem Thron gebracht" (Offenbarung 12,5). Das wird als der Entscheidungskampf dargestellt, an dessen Ende der Drachen „auf die Erde heruntergeworfen" wird (Offenbarung 12,13; vgl. dazu auch den Kommentar Jesu in Johannes 12,31).

Obwohl jedoch der Böse am Kreuz besiegt worden ist, ist er noch nicht endgültig zerstört. Das liegt noch in der Zukunft. In der Zwischenzeit geschieht, was die Vision des Johannes zeigt: „Außer sich vor Wut darüber, dass ihm die Frau entkommen war, wandte sich der Drache gegen ihre übrigen Nachkommen, um mit ihnen Krieg zu führen – mit allen, die Gottes Gebote befolgten und sich zur Botschaft von Jesus bekannten" (Offenbarung 12,17). Satan versucht, die Kirche Jesu Christi zu bremsen und zu Boden zu werfen.

All das sollte uns nicht in Panik versetzen oder uns veranlassen, in jeder Ecke nach satanischer Aktivität Ausschau zu halten. Das Buch der Offenbarung wurde ja schließlich dafür geschrieben, Christen zu ermutigen! Gleichzeitig aber veranlassen uns der besprochene Abschnitt und die Offenbarung als Ganze, das Leben aus einem anderen, nämlich geistlichen und ewigen Blickwinkel zu betrachten. Die Feindschaft, der die Kirche in der Welt begegnen wird, wird in der symbolischen Sprache des Buches drastisch gezeichnet – aber ebenso auch der letztliche Sieg, der Christus gehört. In der Vision von Kapitel 12 berichtet uns Johannes, dass das Volk Gottes über den Satan triumphiert hat, „weil das Lamm sein Blut für sie vergossen hat und weil sie sich ohne Rücksicht auf ihr Leben zur Botschaft von Jesus bekannten, bereit, dafür sogar in den Tod zu gehen" (Offenbarung 12,11). Wie immer gilt auch hier: Wir siegen durch den Opfertod Jesu Christi, den Jesus um unseretwillen erlitten hat. Wieder erkennen wir, dass Verfolgung die betrifft, die zu Jesus gehören und sein Evangelium verkündigen.

Wo ist denn die ganze Verfolgung?

Wenn Christen im Westen anfangen, ernsthaft über das Thema Verfolgung nachzudenken, kommt oft eine Frage auf: Warum erleben wir nicht *mehr* Verfolgung im Westen? Diese Frage ist angebracht; aber gleichzeitig müssen wir sorgfältig an sie herangehen. Allzu leicht kann in dieser Frage der Vorwurf mitschwingen, die Kirche des Westens habe versagt. Wenn wir nicht die gleiche Art von Verfolgung erleben wie Christen in anderen Teilen der Welt, so wird argumentiert, machen wir vermutlich dann nicht etwas ganz falsch?

Dazu müssen einige entscheidende Punkte beachtet werden, die wir nicht als Alternativen, sondern als Teil des großen Bildes sehen sollten.

Zum Ersten ist es hilfreich, klarzustellen, was genau wir mit „Verfolgung", also dem Konzept des Leidens um Jesu willen und als seine Nachfolger, meinen. Das Neue Testament verzeichnet das Martyrium und die Inhaftierung von Christen, es spricht aber auch von Beleidigung und Spott, wenn es sich auf unser Leiden für Christus bezieht. Wie schon erwähnt, mögen Christen im Westen zur Zeit nicht die schwerwiegenderen Formen von Verfolgung erleben, gleichzeitig aber wohl vertraut sein mit Verunglimpfungen oder Beleidigungen gegen Menschen, die an dem klaren biblischen Glauben an Christus festhalten. Verständlicherweise kann man sich leicht schwach oder gar schuldig fühlen, verbale Angriffe als „Verfolgung" einzustufen, während Christen in anderen Teilen der Welt jahrelang im Gefängnis sind, geschlagen oder sogar getötet werden, weil sie sich mit Jesus Christus und seinem Evangelium identifizieren. Trotzdem ist es hilfreich, das ganze Spektrum des Leidens für Christus, wie es in der Bibel genannt wird, anzuerkennen.

Zweitens ist es wichtig zu würdigen, dass Gesellschaft und Kultur des Westens tief im christlichen Glauben verwurzelt sind. Das ist zum Teil auf den Segen Gottes über dem Dienst des Evangeliums und dem christlichen Zeugnis über Jahrhunderte hinweg zurückzuführen. Dafür sollten wir dankbar sein. Der Einfluss des christlichen Glaubens auf die westliche Welt ist für sich bereits ein riesiges Thema, das wir hier nicht behandeln können. So viel können wir jedoch sagen: Die westliche Gesellschaft hat im Großen und Ganzen christliche Wertmaßstäbe und Haltungen in sich aufgenommen (was nicht heißt, dass jeder einzelne echten biblischen Glauben hatte). Über einen langen Zeitraum hinweg hat sich eine Kultur entwickelt, in der die Kirche und der christliche Glaube als wesentliche Bestandteile der Gesellschaft akzeptiert wurden. Man sieht leicht, dass die Akzeptanz der Kirche einen gewissen Schutz vor Angriffen verliehen hat.

Die Akzeptanz und Verinnerlichung allgemeiner christlicher Wertmaßstäbe und Haltungen war wohl ein Hauptfaktor für die allgemeine Stabilität der westlichen Gesellschaften. Woran liegt es zum Beispiel, dass ein Staat wie das Vereinigte Königreich von Großbritannien in seiner jüngeren Vergangenheit nicht eine Folge militärischer Umstürze erlebt hat? Sozialhistoriker diskutieren das sicher ausgiebiger; ich meine jedoch, dass eine gründliche, ehrliche Antwort zumindest auch den langfristigen Einfluss protestantischen Christentums und christlicher Werte berücksichtigen muss. Die moderne Spielart aggressiver Atheisten täte gut daran zu erwägen, welche Art von Gesellschaft sie möglicherweise errichten, wenn sie versuchen, den christlichen Glauben an den Rand zu drängen und ihn aus dem öffentlichen Bereich zu verbannen.

Drittens – und das ist in gewisser Weise die Kehrseite des vorangegangenen Punktes – sind zwei der wichtigsten menschlichen Triebkräfte für heftige Verfolgung in anderen Weltgegenden im Westen nicht zu finden, nämlich totalitäre Regierungen (besonders solche der kommunistischen Spielart) und extreme Formen anderer Religionen. Weil diese Triebkräfte in jüngerer Zeit im Westen nicht besonders stark und nicht besonders zahlreich auftraten, konnten sie sich nicht so stark gegen den christlichen Glauben richten wie in anderen Teilen der Welt.

Schließlich sollten wir trotz all dem Gesagten die Aufforderung zur Selbstkritik nicht abweisen, die in der ursprünglichen Frage steckt. Wenn Christen im Westen nichts darüber wissen, wie es ist, für Christus verspottet zu werden, um seinetwillen abgelehnt zu werden oder einfach aufgrund ihrer Bindung an Christus als sonderbar und unerwünscht dargestellt zu werden, dann muss man die Glaubwürdigkeit oder die Wirklichkeit ihres christlichen Zeugnisses in Frage stellen.

Gelegentlich hören wir, dass Politiker im Westen die Kirche für ihr Engagement für das gesellschaftliche Wohl oder ihren Einsatz für soziale Gerechtigkeit loben. Das ist in doppelter Hinsicht großartig: Auf der einen Seite ist es richtig und gut, dass Christen sich für das Wohl aller Menschen einsetzen. Die christliche Kirche kann auf eine lange und edle Geschichte von praktischer Nächstenliebe zurückblicken, die das Leben von Menschen zum Guten verändert hat. Und so soll es auch sein! Natürlich sollten auch Politiker den Beitrag *jedweder* Institution zum Wohl des Gemeinwesens anerkennen.

Derselbe Politiker wird aber wohl kaum die Kirche genauso respektieren, weil sie das Evangelium vom Kreuz predigt und alle Menschen aufruft, in Buße und Glauben zu Jesus Christus zu kommen. Genau das ist ja die Hauptaufgabe der Kirche. Abhängig von seiner eigenen Weltanschauung mag der Politiker die Predigt der Kirche sogar als beleidigend empfinden. Es geht mir hier nicht darum, dass wir uns *weniger* für soziale Gerechtigkeit oder die Versorgung der Bedürftigen kümmern, sondern dass wir uns *mehr* einsetzen für die Verkündigung des Evangeliums vom Kreuz – auch wenn uns das dann weniger Beifall einbringt. Die Ausbreitung des Evangeliums wird uns sogar ziemlich sicher Feindschaft bringen. Und weil die meisten von uns vermutlich lieber gelobt als angegriffen werden, liegt die Versuchung nahe, vor der Verkündigung des Kreuzes zurückzuschrecken.

In seinem Brief an die Galater verteidigt der Apostel Paulus die Botschaft vom Kreuz und der Gnade Gottes gegenüber denen, die die Christen dazu drängten, sich an eine eher „äußerliche" Religion anzupassen. Für die Galater ging es dabei um äußerliche Rituale des jüdischen Glaubens. Eine solche Haltung würde, so meinte Paulus, „den Anstoß… den die Botschaft vom Kreuz erregt" (Galater 5,11), beseitigen. Gegen Ende des Briefes fügt er dann hinzu: „Jene Leute, die versuchen, euch zur Beschneidung zu zwingen, tun das, um sich mit Hilfe dieser rein äußerlichen Sache Anerkennung zu verschaffen. Und eigentlich wollen sie damit nur der Verfolgung ausweichen, die mit der Botschaft vom Kreuz Christi verbunden ist" (Galater 6,12). Das kann tatsächlich eine Versuchung sein. Die Haltung des Paulus ist jedoch klar: „Für mich jedoch ist es unmöglich, auf irgendetwas anderes stolz zu sein als auf das Kreuz von Jesus Christus, unserem Herrn. Durch ihn ist die Welt für mich gekreuzigt, und durch ihn bin ich für die Welt gekreuzigt" (Galater 6,14).

All das erinnert uns daran, wie wir von verfolgten Christen weltweit lernen können und wie unser Kontakt mit ihnen, unser Interesse an ihnen und ihren Berichten ein Segen für uns sein können. Wie wir schon erwähnt haben, zeigen gerade diese Christen oft einen Eifer für die Verkündigung des Evangeliums – geradezu eine Dringlichkeit –, die im Westen fehlt. Ihre Nachfolge und ihr Zeugnis, das sie mitten in schwerer Verfolgung ausleben, können uns in unserem eigenen Dienst für Christus und sein Evangelium herausfordern und ermutigen.

In diesem Kapitel wurden wir an die zwei grundlegenden *geistlichen* Ursachen für die Verfolgung von Christen erinnert: zum Ersten die sündige menschliche Natur, die den Anspruch

Christi ablehnt, und zum Zweiten die Tätigkeit Satans, der versucht, sich dem Evangelium entgegenzustellen.

Sich auf die geistlichen Gründe zu konzentrieren, entwertet nicht eine Analyse von Verfolgung, die menschliche Motive und Ursachen untersucht. Zu den Gründen, warum Christen in unserer heutigen Welt verfolgt werden, gehören zum Beispiel politische Ideologien, aggressiver religiöser Fundamentalismus oder der Wunsch, eine gewisse Kultur oder einen Lebensstil um jeden Preis beibehalten zu wollen. In der Apostelgeschichte liegen bei zwei Ereignissen offensichtlich finanzielle Gründe vor: der Einfluss des Evangeliums bedroht den Profit gewisser Menschengruppen (Apostelgeschichte 16,16–24 und 19,23–29).

Die Analyse verschiedener menschlicher Motive für Verfolgung ist also hilfreich. Sie zeigt uns nämlich, was es bedeutet, als Nachfolger Jesu Christi heute in bestimmten Gegenden der Welt zu leben. Je besser wir die Lebensbedingungen unserer Mitchristen verstehen, umso motivierter werden wir sein, für sie zu beten, und umso besser werden wir ausgerüstet sein, ihnen die bestmögliche Fürsorge zukommen zu lassen.

Als Beispiel sei Richard Wurmbrand genannt, der die Gründung von „Hilfsaktion Märtyrerkirche" und ähnlicher Partnerwerke in anderen Ländern inspirierte. Als lutherischer Pastor in Rumänien litt Wurmbrand ab den späten 1940er Jahren als Folge seines Dienstes für das Evangelium und durch die kommunistische Regierung des Landes insgesamt 14 Jahre lang im Gefängnis. Im Verlauf dieser Jahre musste er unter erbärmlichen Umständen Folter und Isolationshaft ertragen. Nach seiner zweiten Haftentlassung wurde er aus dem Land freigekauft. Umgehend begann er mit einem bedeutsamen internationalen Dienst: Er erzählte der christlichen Kirche im Westen seine Geschichte und öffnete dadurch den Menschen die Augen dafür, was Christen durch Kommunisten hinter dem

Eisernen Vorhang erlitten. Sein Zeugnis warf ein klares Licht auf die atheistischen Ziele und Einstellungen des Kommunismus und besonders auf seine blinde, fanatische Furcht vor „religiösen" Menschen, deren erste Loyalität nicht dem Staat, sondern ihrem Gott galt. Christen im Westen wurden dadurch besser ausgerüstet zu reagieren, für ihre christlichen Brüder und Schwestern in kommunistischen Ländern zu beten und für sie zu sorgen.

Die tiefer gehenden geistlichen Gründe, auf die wir uns in diesem Kapitel konzentriert haben, liegen jedoch hinter den verschiedenen menschlichen Motiven, die Menschen dazu treiben, Christen zu verfolgen, und helfen dabei, diese richtig einzuordnen. Außerdem dienen sie dazu, unser Verständnis von dem Evangelium als Gottes Antwort auf die tiefsten Bedürfnisse der Menschheit zu schärfen.

Diese ersten zwei Kapitel, die von der Mission der Kirche und der Botschaft des Evangeliums, die sie zu verkündigen hat, handeln, sind eng miteinander verbunden. Je mehr wir untersuchen werden, was wir von Verfolgung lernen können, umso deutlicher wird es, dass christlicher Mission eine unverkennbare und vielleicht auch unangenehme Verwundbarkeit anhaftet. Wir haben eine Botschaft, die der Welt als schwach und töricht erscheint. Wenn die Welt ihrer eigenen Natur treu ist, wird sie diese Botschaft ablehnen, weil sie die Welt mit demjenigen konfrontiert, der ihre Sünde bloßstellt.

Die Welt würde in einem solchen Fall die Botschaft oder ihre Darbietung so anpassen, dass sie attraktiver erscheint. Wir haben jedoch gesehen, dass die Kirche im Gegensatz dazu ihrer Aufgabe, das Evangelium zu verkündigen, treu bleiben muss. Dabei müssen wir Gott vertrauen, dass er das Werk tun wird, das nur er tun kann: Menschen aus der geistlichen Finsternis in das Licht Christi zu bringen.

Gerade wenn wir bereit sind, Informationen über die verfolgte Kirche aufzunehmen, dann wird für uns diese Verwundbarkeit christlicher Mission offensichtlich. Vielleicht scheuen wir uns aus diesem Grund manchmal davor, uns tief mit dem Thema Verfolgung zu beschäftigen, obwohl die Heilige Schrift uns seine Wichtigkeit zeigt. In unserer Kultur kann man schließlich mit Schwachheit und Verwundbarkeit nicht viel gewinnen. Viel lieber würden wir Themen in den Vordergrund rücken, die Freude und Glück betonen und ein allgemeines Wohlgefühl in Bezug auf unser christliches Leben oder unsere Kirche erzeugen.

Wir haben jedoch im Verlauf dieser zwei Kapitel gesehen, dass Mission nach dem Vorbild Jesu mit der Bereitschaft zusammengehen muss, in den Augen der Welt als schwach und töricht zu erscheinen. Dazu gehört der Glaube, dass Gott sein Reich baut durch die treue Verkündigung eines Evangeliums, das ebenfalls schwach, töricht und manchmal sogar beleidigend wirkt.

Verwundbarkeit wird immer so etwas wie ein Markenzeichen der verfolgten Kirche sein. Diese Verwundbarkeit gibt sich zufrieden mit Schwachheit, Beleidigung und Bedrängnis, weil sie sich auf die souveräne Gnade Gottes verlässt. Diese Gnade bringt Menschen zum Glauben, nicht die Genialität oder das Geschick menschlicher Darstellungskünste. Genau diesem großen Thema „Gnade“ werden wir uns im nächsten Kapitel zuwenden.

UNSERE ANTWORT

- Lesen Sie Johannes 15,18–16,4! Stellen Sie sich vor, Sie seien beim letzten Abendessen dabei gewesen, als Jesus diese Worte aussprach. Was würden Sie dann empfinden bezüglich der Aufgabe, der Welt von Jesus zu erzählen?

- Inwiefern hilft uns die Verfolgung von Christen, sowohl das Wesen des Menschen als auch das christliche Evangelium besser zu verstehen?

- Ist es leichter, sich für das Wohl der Gesellschaft einzusetzen, als anderen von Jesus zu erzählen? Wenn ja, warum?

KAPITEL 3

UNSER VERLANGEN NACH GNADE VERTIEFEN

Frage: „Warum wanderte Mose vierzig Jahre lang in der Wüste herum?“ Antwort: „Weil Männer niemals nach dem Weg fragen.“

Männer fragen niemals nach dem Weg? Haben Sie diesen alten Spruch schon mal gehört? Wie viele verzweifelte Ehefrauen waren wohl schon versucht, ihn zu zitieren, während ihre Männer auf einer sich hinziehenden und frustrierenden Autofahrt nach dem Weg suchten.

Der Gedanke dahinter ist wohl, dass es den Mannesstolz verletzen könnte, nach dem Weg zu fragen. Männer glauben wohl, ihnen sei ein natürlicher Orientierungssinn angeboren. Nach dem Weg zu fragen, wäre demnach eine Blamage für das Ego.

Egal wie zutreffend nun diese Karikatur der männlichen Psyche sein mag: Stolz auf unsere eigenen Fähigkeiten oder unsere Selbstgenügsamkeit ist sicher gefährlich. Und ich spreche dabei nicht nur über geografische Orientierung!

Das christliche Evangelium stellt die Selbstgenügsamkeit des Menschen in Frage. Ja, es zieht quasi den Teppich unter ihm weg. Das Evangelium behauptet nämlich, Jesus sei gekommen, um unsere tiefsten und dringendsten Bedürfnisse zu befriedigen. Und noch wichtiger: Er sei gekommen, das zu tun, was wir nicht selbst tun konnten.

Die Mission Jesu auf dieser Erde war es nicht, uns eine helfende Hand entgegenzustrecken oder uns in die richtige Richtung zu weisen, damit wir anschließend unseren Weg zu Gott und zum ewigen Leben durch unsere eigenen Anstrengungen, Möglichkeiten, Begabungen – oder auch unseren eigenen Glauben – finden würden. Vielmehr – so erinnert uns der Apostel Paulus – starb Christus für uns, „als wir noch Sünder waren" (Römer 5,8). Mit anderen Worten: Die Initiative für unsere Rettung lag vollständig bei Gott. In seinem Brief an die Epheser erinnert uns Paulus daran, dass wir von Natur aus geistlich „tot" waren: nicht eingeschlafen, nicht bewusstlos, sondern tot. Tot zu sein heißt, dass es uns unmöglich war, uns selbst zu erwecken. „Doch Gottes Erbarmen ist unbegreiflich groß! Wir waren aufgrund unserer Verfehlungen tot, aber er hat uns so sehr geliebt, dass er uns zusammen mit Christus lebendig gemacht hat" (Epheser 2,4–5).

Es gibt ein Wort, das diese souveräne Initiative Gottes in unserem Leben beschreibt. Ich halte es für das schönste Wort in der Bibel. Es ist das Wort „Gnade". Paulus fügt auch tatsächlich an den eben zitierten Verse an: „Ja, es ist nichts als Gnade, dass ihr gerettet seid!"

Wenn es um unsere ewige Errettung geht, haben wahrscheinlich die wenigsten Christen Probleme damit, sich das Konzept der Gnade zu eigen zu machen. Dass wir in Buße und Glauben zum Kreuz Christi kommen, bedeutet ja, dass wir den Punkt erreicht haben, an dem wir uns unserer Sündhaftigkeit vor Gott und unseres Bedürfnisses nach seiner Barmherzigkeit bewusst geworden sind. Wir jubeln über die gute Nachricht, dass Jesus für uns starb, dass unsere Sünden vergeben sind und dass wir Frieden mit Gott haben durch Jesus Christus. Mit tiefster Freude und aufrichtiger Dankbarkeit wiederholen wir die Wort von John Newtons berühmten Lied: „Oh Gnade Gottes, wunderbar hast du errettet mich. Ich war verloren ganz und gar, war blind, jetzt sehe ich“ (englisch: *Amazing grace*).

Es gibt jedoch eine raffiniertere Falle, in die Christen geraten können. Wir können so leben, als ob wir zwar durch den Tod Jesu errettet seien, jetzt aber dem Herrn unser ganzes Leben lang mit aller Kraft, die *wir* aufbringen können, dienen sollen.

Das ist eine wirklich raffinierte Versuchung. Haben Sie schon mal das Sprichwort gehört: „Hilf dir selbst, so hilft dir Gott“? Das mag einsichtig klingen, sogar biblisch. Der christliche Glaube soll ja schließlich nach klarer Aussage der Schrift nicht ein passiver, sondern ein aktiver Glaube sein. Der Fehler beginnt aber dort, wenn wir versucht sind, *in unserer eigenen Kraft* aktiv zu sein.

In der westlichen Welt kann unser Reichtum an Ressourcen, an Technologie und an verbraucherorientierten Vermarktungstechniken sehr leicht und fast unmerklich die Illusion erzeugen, *wir* könnten das Reich Gottes bauen. Diese Geisteshaltung führt dann aber leicht zu evangelistischen Programmen, die ausschließlich darauf angelegt sind, so viele Menschen wie möglich anzuziehen, statt darauf, Menschen mit aufrichtiger Buße und bewusstem Glauben zu Christus zu führen.

Und damit stoßen wir auf die dritte Weise, in der die Auseinandersetzung mit der Wirklichkeit weltweiter Verfolgung ein großer Segen für uns sein kann: Sie stellt eine westliche selbstgenügsame Lebenseinstellung in Frage und vertieft unser Verlangen nach Gottes *Gnade*.

Wenn wir uns bewusst machen, in welch schwieriger Lage Christen in der ganzen Welt sich befinden, dann sehen wir, wie Gottes Gnade wirksam ist. Das ermutigt uns zum einen für unser tägliches Leben mit dem Herrn, fordert uns aber gleichzeitig auch zum Gebet auf dafür, dass Gott seine Gnade weiterhin dort bereitstelle, wo sie so nötig ist.

Außerdem gilt: Gerade während einer Zeit, in der wenige Anzeichen echten Wachstums der westlichen Kirche zu sehen sind, tun wir gut daran, uns zu fragen, was wir von der verfolgten Kirche lernen können.

Abhängig vom Herrn

Der Apostel Paulus liefert in seinem Brief an die Philipper eine Zusammenfassung des göttlichen Gleichgewichts eines aktiven Christen, der in Gottes Kraft lebt: „… schaffet, dass ihr selig werdet, mit Furcht und Zittern. Denn Gott ist's, der in euch wirkt beides, das Wollen und das Vollbringen nach seinem Wohlgefallen“ (Philipper 2,12b–13; *Luther*).

Wir müssen immer wieder daran erinnert werden, dass wir uns in einem treuen christlichen Leben niemals von der Gnade, die wir am Kreuz fanden, wegbewegen oder darüber hinauswachsen können. Die Gnade, die uns in Buße und rettendem Glauben zum Kreuz gebracht hat, ist dieselbe Gnade, die uns erhält und durch unser Leben als Christ hindurch in uns wirkt.

In der Regel werden wir eher durch unsere Schwächen daran erinnert als durch unsere Fähigkeiten. Inmitten von Feindschaft, Verfolgung und Leiden lernen Christen, dass sie sich nicht auf sich selbst, sondern nur auf den Herrn verlassen können. Paulus bringt das beispielhaft in seinem 2. Brief an die Korinther zum Ausdruck: „Ihr müsst nämlich wissen, Geschwister, dass das, was wir in der Provinz Asien durchmachten, so überaus schwer auf uns lastete und unsere Kräfte so sehr überstieg, dass wir schließlich nicht einmal mehr damit rechneten, mit dem Leben davonzukommen. Wir kamen uns vor, als wäre das Todesurteil über uns gesprochen worden. Aber das alles geschah, damit wir nicht auf uns selbst vertrauten, sondern auf Gott, der die Toten zu neuem Leben erweckt" (2. Korinther 1,8–9).

Ein afrikanischer Erzbischof bemerkte einmal mir gegenüber, das Erleben von Verfolgung sei ein Test für die eigene Theologie. Das stimmt – und dieser Test beginnt damit, dass wir uns auf den Gott, an den wir glauben und den wir anbeten, wirklich verlassen. Das ist ja der Gott, dessen Allmacht und Souveränität wir verkündigen, von dem wir glauben, dass er uns liebt, selbst wenn er, aus Gründen, die wir nicht vollständig verstehen, Leiden in unserem Leben zulässt.

Als Paulus in der Provinz Asien für das Evangelium arbeitete, trieb ihn sein Leiden für dieses Evangelium zurück zum Herrn. Oder – um es mit der Überschrift dieses Kapitels auszudrücken: Das Leiden erweckte in ihm ein tieferes Verlangen nach der erhaltenden und stärkenden Gnade Gottes.

In einer Hinsicht könnten wir sagen, dass dieses Prinzip auf alle Formen von Leiden anwendbar ist. Gerade dann, wenn wir als Christen verschiedenen Arten von Schwierigkeiten begegnen, seien sie körperlich, emotional, finanziell oder anderes, dann fliehen wir zum Herrn mit der Bitte, durchzuhalten. Die Verfolgung jedoch, also das Leiden für keinen anderen Grund als den, dass wir für Christus und das Evangelium einstehen, erfordert auf besondere Weise unser Vertrauen in den Herrn.

Wenn wir Christen in anderen Ländern begegnen oder von ihnen hören, die durch die schmerzhafte und zermürbende Erfahrung der Verfolgung gehen, dann werden wir mit Menschen konfrontiert, die tief und anhaltend gelernt haben, dem Herrn in jeder Lage zu vertrauen, und das gerade in Umständen, die einen Menschen versuchen können, die Weisheit oder den Wert des Vertrauens in ihn in Frage zu stellen.

Es liegt in unserem Interesse, solchen Christen Gelegenheit zu bieten, uns das mitzuteilen, was sie in ihren Leidenserfahrungen gelernt haben. Genau darum ging es Paulus in dem eben erwähnten Abschnitt. Er beginnt: „Gepriesen sei Gott, der Vater unseres Herrn Jesus Christus! Denn er ist ein Vater, der sich erbarmt, und ein Gott, der auf jede erdenkliche Weise tröstet und ermutigt. In allen unseren Nöten kommt er uns mit Trost und Ermutigung zu Hilfe, und deshalb können wir dann auch anderen Mut machen, die sich ebenfalls in irgendeiner Not befinden: Wir geben ihnen den Trost und die Ermutigung weiter, die wir selbst von Gott bekommen" (2. Korinther 1,3–4). Manchmal folgert man, dass zu viel Auseinandersetzung mit Verfolgung wahrscheinlich niederdrückend wirkt und wir daher lieber nicht über Christen, die um ihres Glaubens willen leiden, nachdenken sollten. Die Schrift bezeugt uns jedoch, dass dieses Nachdenken uns vielmehr trösten und segnen kann.

Viele der Psalmen, besonders die sogenannten „Klagepsalmen", sprechen von Situationen, in denen Menschen lernen, durch Feindschaft und Leiden hindurch ganz vom Herrn abhängig zu sein. Psalm 31 ist ein gutes Beispiel dafür. Jesus zitiert daraus (Lukas 23,46 aus Psalm 31,6) am Ende seiner eigenen Leidenserfahrung am Kreuz.

Die Gebete Davids um Rettung in Psalm 31 waren wirklich Gebete. Wir wissen aus dem biblischen Bericht über sein Leben, dass Feinde sich gegen ihn verschworen hatten und ihn umbringen wollten. Das Ausmaß der Feindschaft, auf die er traf, wird deutlich durch die ausdrucksstarke und bildhafte Sprache, die er gebraucht (Verse 10–14). Er gibt zu, dass er an einen Punkt gekommen war, an dem er praktisch aufgeben wollte, an die Hilfe des Herrn zu glauben (Vers 23). Letztlich aber behält er sein Vertrauen auf den Herrn und bringt weiter seine Abhängigkeit von ihm zum Ausdruck. Achten Sie darauf, wie seine Bitte: „Sei mir ein Fels, bei dem ich Schutz finde, eine Festung auf hohem Berg! Rette mich!" (Vers 3) verwurzelt ist in dem, was David über Gott glaubt: „Ja, du, du bist mein Fels und meine Burg!" (Vers 4).

Diese Abhängigkeit von dem Herrn wurde in den Feuern der Verfolgung geformt und dann angesichts der Leiden Davids zum Ausdruck gebracht. Er traut weiter auf den Herrn *trotz* seiner Leiden. Insofern ist der Gebrauch Jesu gerade dieses Psalms, als er am Kreuz hängt, total angemessen. Jesus wurde nicht geschützt vor denen, die ihn töten wollten; aber dennoch hielt er fest an einer Haltung der Abhängigkeit von Gott, dem Herrn. Der Apostel Petrus fasst die Haltung Jesu zusammen als „der nicht mit Beschimpfungen reagierte, als er beschimpft wurde, und nicht mit Vergeltung drohte, als er leiden musste, sondern seine Sache dem übergab, der ein gerechter Richter ist" (1. Petrus 2,23).

Psalm 31 endet damit, dass David seine Leser ermahnt und ermutigt, ihr eigenes Vertrauen auf den Herrn festzuhalten (Verse 24 und 25). Er, der durch heftige Verfolgung gegangen ist, wird zu einem Segen für andere Gläubige, indem er seine Erfahrung weitergibt und das, was er über Abhängigkeit von Gott und seiner Gnade weiß.

Ich weiß von einer christlichen Familie im Nordwesten Chinas. Der Mann, ein Pastor, war wegen seines evangelistischen

Dienstes im Gefängnis. Seine Frau berichtete zeugnishaft über ihre Schwierigkeiten und Rückschläge. Dazu gehörte, dass sie zwei Jahre lang ihren Ehemann nicht im Gefängnis besuchen durfte. Sie sprach sehr bewegend davon, wie ihr zehnjähriger Sohn betete, Gott möge seinen Vater nach Hause bringen, und wie oft sie sich hilflos und schwach fühlte; unfähig, weiterzugehen. Und gleichzeitig bezeugte sie, wie die Gnade Gottes sie ermutigt hatte. Sie verwies dabei besonders auf den Ausruf des Apostels Paulus: „Nachdem wir nun aufgrund des Glaubens für gerecht erklärt worden sind, haben wir Frieden mit Gott durch Jesus Christus, unseren Herrn. Durch ihn haben wir freien Zugang zu der Gnade bekommen, die jetzt die Grundlage unseres Lebens ist, und im Glauben nehmen wir das auch in Anspruch. Darüber hinaus haben wir eine Hoffnung, die uns mit Freude und Stolz erfüllt: Wir werden einmal an Gottes Herrlichkeit teilhaben" (Römer 5,1–2).

Beachten Sie, was diese Schwester im Glauben *nicht* sagte. Sie deutete nicht an, dass ihr Leben, weil sie Christin ist, ein Kinderspiel sei, eine mühelose Reise unaufhörlicher Glückseligkeit und ständiger Triumphe. Sie behauptete nicht oder (was noch schlimmer wäre) tat nicht so, als ließe der Glaube an die Gnade Gottes alle Schwierigkeiten, durch die sie und ihre Familie gingen, von ihr wie Wasser vom Rücken einer Ente abperlen. Nein, die Kämpfe und der Schmerz, die sie fühlte, waren sehr real. Sie wusste aber, dass Gott sie *durch* den Schmerz *hindurch* festhielt. Solch ein geistlich reifes Zeugnis, das sowohl in der Realität als auch in der Schrift gegründet ist, ermutigt uns zum Glauben.

An dieser Stelle lohnt es sich, auf die Geschichte von Hiob hinzuweisen. Es überrascht nicht, dass die meisten Christen, die über irgendeinen Aspekt von Leiden schreiben, sich an irgendeinem Punkt auf das Buch Hiob beziehen. Das Buch behandelt nicht im engeren Sinne Verfolgung. Zwar wird uns in den zwei ersten Kapiteln von Hiob ein Einblick in den satanischen Ursprung seiner Leiden gewährt. Wir sollten aber nicht alle bösen Aktivitäten des Satans in dieser Welt als Verfolgung bezeichnen. Und hier wollen wir uns darauf konzentrieren, was die Geschichte über die Abhängigkeit von Gottes Gnade sagt.

Der Großteil des Buches wird gebildet von den Ratschlägen der Freunde Hiobs. Ihre Haltung gegenüber dem Elend Hiobs gründet auf ein unflexibles Verständnis von Ursache und Wirkung. Menschliches Leiden ist demnach das Ergebnis menschlicher Sünde. Wenn Hiob leidet, dann muss es eine spezifische und bedeutsame Sünde in seinem Leben geben, über die er Buße tun muss.

Nichts im Buch deutet darauf hin, dass Hiob die Realität menschlicher Sünde verneint. Aber darum geht es gar nicht. Er erhebt vielmehr Einspruch gegen die grob vereinfachende Interpretation von Leiden durch seine Freunde. Gleichzeitig hat er zu kämpfen mit dem, was ihm widerfuhr. Er spricht offen über seinen Wunsch, Gott zu irgendeiner Art von Antwort zu drängen. An einer Stelle sagt er: „Doch ich wollte gern zu dem Allmächtigen reden und wollte rechten mit Gott“ (Hiob 13,3; *Luther*).

Was uns hier vor allem interessiert, ist jedoch der Schluss des Buches. Nachdem die Freunde Hiobs ausführlich zu Wort gekommen sind, spricht der Herr in seiner Gnade zu Hiob. Dabei geht es ihm jedoch nicht darum, Hiobs Wunsch nach einer Antwort zu erfüllen. Soweit wir sehen können, offenbart Gott dem Hiob nicht den Anteil des Satans an seinem Schicksal. Er erklärt ihm auch nicht, warum er in seiner Souveränität dem Satan *erlaubt* hat, diese Serie von Unglücken über Hiob zu bringen. Kurz gesagt sieht Gott keine Notwendigkeit, sich gegenüber Hiob zu rechtfertigen. Vielmehr zeigt Gott seine eigene Herrlichkeit und seinen Charakter (Kapitel 38–41). Hiob wird zuerst zum Schweigen gebracht (Hiob 40,3–5), dann zur Buße bewegt (Hiob 42,6). Der Kontext macht dabei deutlich, dass er Buße tut über die Haltung gegenüber Gott als *Ergebnis* seines Leidens und nicht über eine besondere Sünde, die das Leiden *verursacht* hätte. Hiob muss in seiner Lage unbedingt Gott kennen, auf den er sich verlassen kann; den Gott, der das notwendige Maß an Gnade gibt.

Am Ende der Geschichte können wir sagen: Obwohl Gott Hiob nicht die Antworten gegeben hat, die der wünschte, hat er ihm doch geantwortet! Als Hiob Gott begegnet, weiß er, dass er sich auf ihn verlassen kann.

Wenn ich in andere Länder reise und Christen treffe, die an der Frontlinie der Opposition gegen das Evangelium leben, trifft es mich innerlich sehr, dass sie oft diese Art von Abhängigkeit von Gott zum Ausdruck bringen: „Ich bringe einfach alles vor den Herrn" oder: „Mein Gott wird alles für mich tun". Das sind keine leeren Phrasen, die sie aufsagen, um eine Fassade von geachteter Rechtgläubigkeit aufrecht zu erhalten. Nein, sie drücken einfach ihre tiefe Abhängigkeit von Gott aus, die im Feuer von Opposition und Leiden für Christus geformt und zur Reife gebracht wurde.

Durchhalten mit dem Herrn

Eng verknüpft mit der Notwendigkeit, abhängig vom Herrn zu sein, ist der Aufruf, unser Leben lang als Christen mit dem Herrn durchzuhalten. Wenn wir die Heilige Schrift daraufhin untersuchen, wie wir auf Verfolgung reagieren sollen, wenn sie uns selbst betrifft, steht der Aufruf zum Durchhalten wohl an vorderster Stelle. Als es um die Mission ging, die Jesu Jünger in seinem Namen ausführen sollten, sagte der Herr ihnen: „Um meines Namens willen werdet ihr von allen Menschen gehasst werden. Wer aber bis ans Ende standhaft bleibt, wird gerettet“ (Matthäus 10,22). Dieser Aufruf, standzuhalten, ist noch bemerkenswerter, wenn man feststellt, dass Jesus gerade über die Erfahrung von Feindschaft selbst durch die nächsten und liebsten Menschen gesprochen hat (Matthäus 10,21).

Oft sagt man, wir lebten in einer Zeit, in der niemand mehr an etwas dranbleibt. Unsere Kultur ist durch Ruhelosigkeit geprägt. Menschen langweilen sich schnell und brauchen neue Anregungen und neue Begeisterung. Die Herausforderungen, Schwierigkeiten und Konflikte des Lebens veranlassen viele, sich allzu schnell zurückzuziehen und irgendwo anders neu zu beginnen.

Gerade angesichts dieser vorherrschenden Haltung unserer Umwelt sind wir als Christen aufgerufen, in unserer Nachfolge Jesu durchzuhalten. Der Abschnitt aus dem Matthäusevangelium, den wir gerade zitierten, erinnert uns daran. Als Jesus seine Jünger zu ihrer Mission aussandte, betonte er stark die Feindschaft, die ihnen von der Welt entgegenschlagen würde. Jesus schwächte das auch nicht irgendwie ab, sondern verwies aufgrund dieser Gegebenheiten auf die Notwendigkeit, durchzuhalten: „Wer sich vor den Menschen zu mir bekennt, zu dem werde auch ich mich vor meinem Vater im Himmel bekennen. Wer mich aber vor den Menschen verleugnet, den werde auch ich vor meinem Vater im Himmel verleugnen“ (Matthäus 10,32–33).

Wo finden wir die Hilfsmittel, um angesichts von Feindschaft, Einschüchterungen oder Gewalt treu durchzuhalten? Jedenfalls nicht in uns selbst! Verfolgung kann, so warnt uns die Heilige Schrift, tatsächlich eine potentielle Gefahr für unseren Glauben sein. In Jesu Gleichnis vom Sämann wird der Same, der auf felsigen Grund fällt, später von Jesus beschrieben als die Art von Nachfolger, für den gilt: „Er ist ein unbeständiger Mensch, eine Pflanze ohne Wurzeln. Sobald er wegen des Wortes in Bedrängnis gerät oder sogar verfolgt wird, wendet er sich wieder davon ab“ (Matthäus 13,21).

Menschlich gesehen gefährdet Versuchung tatsächlich unseren Glauben. Die Wahrscheinlichkeit ist groß, dass sie uns dazu treibt, unseren Glauben zu verstecken, zu verschweigen oder sogar zu verleugnen – hätten wir tatsächlich nichts als unsere eigenen Mittel und Stärken! Aber die Mittel, die wir benötigen, finden sich in Jesus selbst. Das lernen wir durch Verfolgung. Sie deckt die Unzulänglichkeit einer „selbstgenügsamen“ Lebenseinstellung auf und vertieft in uns das Verlangen nach der uns haltenden Gnade Gottes. Auch hier kommt wieder das Hauptthema unseres Buches an die Oberfläche: Wenn wir uns als Christen im Westen mit dem Thema Verfolgung auseinandersetzen, dann geht es nicht nur darum, für unsere verfolgten Brüder und Schwestern zu beten und ihnen notwendige materielle Hilfe zu senden. Natürlich sind das grundlegende Bestandteile unserer Verantwortung. Aber es geht auch darum, an ihre Seite zu treten und mit ihnen die Lektionen der Jüngerschaft zu lernen.

Der klare Ruf, angesichts von Widerstand durchzuhalten, ist so bedeutsam, dass ein ganzes neutestamentliches Buch diesem Thema gewidmet ist, nämlich der majestätische Brief an die Hebräer.

Denkt man an den Hebräerbrief, dann kommen zuerst einige seiner charakteristischen Beiträge zu Glauben und Lehre des Neuen Testaments in den Sinn: Jesus als Gottes volle und abschließende Offenbarung an die Menschheit; die Überlegenheit Jesu über jeden Aspekt des Alten Bundes, den zu erfüllen er gekommen ist; natürlich auch seine Rolle als großer Hoherpriester, der sich nicht nur – im Gegensatz zu den wiederholten Tieropfern des Alten Testaments – ein für alle Mal als Opfer hingibt, sondern der auch jetzt lebt, um zur rechten Hand Gottes für uns Fürbitte zu leisten.

All diese wichtigen Themen dienen jedoch der eigentlichen Absicht des Briefes, nämlich verfolgte Christen zu ermutigen, in ihrem Glauben durchzuhalten.

Der Brief wurde vermutlich an jüdische Christen geschrieben, die angesichts von Widerstand zu kämpfen hatten und sich anscheinend von Jesus weg bewegten, um in den vergleichsweise sicheren Hafen des Judentums zurückzukehren. Die Hinweise darauf, wie Christus alle Aspekte des Alten Bundes erfüllt und überragt, dienen dazu, die Verrücktheit zu zeigen, die es bedeuten würde, den Versuchungen nachzugeben.

Die verschiedenen Argumentationsstränge und Themen laufen auf die letzten Kapitel des Briefes zu. Dort werden dann die Leser dazu aufgerufen, in der treuen Nachfolge Jesu durchzuhalten. So wird in Hebräer 11 eine lange Liste von Gläubigen des Alten Bundes als Vorbilder angeführt, von denen einige „Königreiche niederzwangen" oder „Löwen das Maul zuhielten", wohingegen andere „sich zu Tode foltern ließen", „verspottet" wurden, „ins Gefängnis geworfen" oder getötet. Gleich anschließend spornt der Schreiber des Briefes die Leser dazu an, den Lauf des Glaubens mit Ausdauer weiterzulaufen (Hebräer 12,1). Sie sollen weiter auf Jesus schauen, von dem gesagt wird: „Weil Jesus wusste, welche Freude auf ihn wartete, nahm er den Tod am Kreuz auf sich, und auch die Schande, die damit verbunden war, konnte ihn nicht abschrecken. Deshalb sitzt er jetzt auf dem Thron im Himmel an Gottes rechter Seite" (Hebräer 12,2). Der Appell des Briefes wird dann, so könnte man sagen, im folgenden Vers zusammengefasst: „Wenn ihr also in der Gefahr steht, müde zu werden, dann denkt an Jesus! Wie sehr wurde er von sündigen Menschen angefeindet, und wie geduldig hat er alles ertragen! Wenn ihr euch das vor Augen haltet, werdet ihr nicht den Mut verlieren" (Hebräer 12,3).

Auf Jesus zu schauen, bedeutet also, weiter im christlichen Glauben zu bleiben. Es bedeutet aber in diesem Zusammenhang für die Christen gleichzeitig, ihm zu vertrauen, dass er sie stärken wird und sie befähigen wird, so zu reagieren, wie der Schreiber des Briefes sie ermahnt. Schon früher im Brief hatte er sie dazu ermutigt: „Weil wir nun aber einen großen Hohenpriester haben, der den ganzen Himmel bis hin zum Thron Gottes durchschritten hat – Jesus, den Sohn Gottes –, wollen wir entschlossen an unserem Bekenntnis zu ihm festhalten. Jesus ist ja nicht ein Hoherpriester, der uns in unserer Schwachheit nicht verstehen könnte. Vielmehr war er – genau wie wir – Versuchungen aller Art ausgesetzt, allerdings mit dem entscheidenden Unterschied, dass er ohne Sünde blieb. Wir wollen also voll Zuversicht vor den Thron unseres gnädigen Gottes treten, damit er uns sein Erbarmen schenkt und uns seine Gnade erfahren lässt und wir zur rechten Zeit die Hilfe bekommen, die wir brauchen" (Hebräer 4,14–16).

Die Gnade, die wir zur rechten Zeit als Hilfe brauchen, muss jeder Christ verstehen und festhalten. Unser Gott ist ein Gott, an den wir uns wenden können, damit er uns die Gnade gibt, die wir gerade benötigen. Wenn tatsächlich das Durchhalten die grundlegende Reaktion auf Verfolgung ist, dann wird unsere Auseinandersetzung mit der Realität von Verfolgung unausweichlich in uns ein tieferes Verlangen nach Gnade erzeugen – sowohl für uns selbst, als auch für unsere Mitchristen auf der ganzen Welt.

Zeugnis geben für den Herrn

Durch die gesamte Kirchengeschichte hindurch haben Christen über die Frage nachgedacht und mit ihr gerungen, welche Beziehung zwischen Verfolgung und der Ausbreitung des Evangeliums besteht.

Früh in der Apostelgeschichte lesen wir über das, was auf die Steinigung von Stephanus folgt: „Noch am selben Tag brach über die Gemeinde in Jerusalem eine schwere Verfolgung herein. Alle, die an Jesus glaubten, flohen und zerstreuten sich über das ganze Gebiet von Judäa und Samarien" (Apostelgeschichte 8,1). Es ist dann verblüffend, dass Lukas einige Verse später bemerkt: „Die Christen, die aus Jerusalem geflohen waren, machten überall, wo sie hinkamen, das Evangelium bekannt" (Apostelgeschichte 8,4). Man kann daraus schließen, dass die Verfolgung, die in Jerusalem ausbrach, nur dazu diente, das Evangelium weiter auszubreiten.

Im folgenden Kapitel wird die Verknüpfung zwischen Verfolgung und der Ausbreitung des Evangeliums noch stärker nahegelegt bei der Beauftragung des kürzlich bekehrten Paulus (oder Saul, wie er zu diesem Zeitpunkt noch genannt wird). Zu Ananias, der zu Paulus gehen und ihm dienen soll, sagt der Herr: „Geh trotzdem zu ihm! Denn gerade ihn habe ich mir als Werkzeug ausgewählt, damit er meinen Namen in aller Welt bekannt macht – bei den nichtjüdischen Völkern und ihren Herrschern ebenso wie bei den Israeliten. Und ich will ihm zeigen, wie viel er von jetzt an um meines Namens willen leiden muss" (Apostelgeschichte 9,15–16).

Man könnte hinzufügen, dass die ganze Linienführung der Apostelgeschichte diesen Zusammenhang unterstreicht: Manchmal führt Verfolgung dazu, dass Menschen zum Glauben kommen. Das sehen wir ja zum Beispiel auch in Apostelgeschichte 16, wo die Bekehrung des Gefangenenaufsehers in

Philippi als direktes Ergebnis der Nacht von Paulus im Gefängnis gesehen werden kann. Manchmal führt Verfolgung auch dazu, dass das Evangelium an neuen Orten verkündigt wird.

Als Paulus aus seiner Gefängniszelle heraus an die Christen in Philippi schreibt, kann er erklären: „Ich bin froh, euch mitteilen zu können, Geschwister, dass das, was mit mir geschehen ist, die Ausbreitung des Evangeliums sogar noch gefördert hat. Bei der ganzen kaiserlichen Garde und weit darüber hinaus hat es sich inzwischen herumgesprochen, dass meine Gefangenschaft eine Gefangenschaft wegen Christus ist. Und bei den meisten Geschwistern ist gerade, weil ich inhaftiert bin, das Vertrauen auf den Herrn so gewachsen, dass sie jetzt noch viel mutiger sind und das Evangelium ohne Furcht weitersagen" (Philipper 1,12–14).

Der letzte Satz ist faszinierend: Man hätte vermuten können, dass die Haft von Paulus die Christen in Rom dazu gebracht haben könnte, vorsichtiger zu werden bei der Verkündigung des Evangeliums. Aus dem, was Paulus schreibt, scheint jedoch genau das Gegenteil hervorzugehen. Irgendwie haben die Christen aus der Erfahrung des Paulus Ermutigung und Inspiration gewonnen und angefangen, noch kühner Jesus zu bezeugen.

Wenn wir von der Zeit des Neuen Testaments in die Kirchengeschichte weitergehen, dann könnten wir während der vergangenen 2000 Jahre andere Zeiten ausmachen, in denen heftige Verfolgung zur Ausbreitung des Evangeliums und daraus folgendem Wachstum der Kirche geführt hat. In diesem Zusammenhang wird gerne Tertullian zitiert, ein berühmter nordafrikanischer Theologe des zweiten Jahrhunderts. Er schrieb: „Das Blut der Märtyrer ist der Same (der Kirche)." Man kann nicht leugnen, dass Gott die Verfolgung seines Volkes zur

Förderung seines Reiches gebrauchen kann und oft gebraucht hat.

Wir dürfen allerdings niemals davon ausgehen, es gebe eine automatische, zwangsläufige Verknüpfung zwischen Verfolgung und dem Wachstum der Kirche. Wir reden ja nicht über eine unpersönliche Gleichung. Wir reden über Menschen und ihr Leben. Die Kirchengeschichte verzeichnet auch Phasen, in denen Verfolgung die Kirche fast ausgelöscht hat oder sie gespalten und geschwächt und dadurch ihr Wachstum gehemmt hat.

Ja, Gott kann Verfolgung gebrauchen, um sein Reich zu fördern, und er hat das auch getan. Aber – und darauf kommt es an – es ist Gott, der das tun kann. Wir können uns darauf verlassen, dass er in allen und durch alle Dinge seine ewigen Pläne verwirklicht. Das bedeutet aber nicht, dass wir voraussetzen können, dass er immer auf eine bestimmte Weise und durch eine bestimmte Kombination von Umständen arbeitet. Wo immer die Kirche durch eine Erfahrung von Verfolgung hindurch nicht nur überlebt hat, sondern sogar gewachsen ist, dann geschah das immer nur durch die souveräne Gnade Gottes. Verfolgung vertieft unsere Sehnsucht nach dieser Gnade.

Diese Sehnsucht nach Gnade wird im Gebet des Christen zum Ausdruck kommen. Gegen Ende seines zweiten Briefes an die Christen in Thessaloniki schreibt Paulus: „Betet für uns, damit die Botschaft des Herrn sich rasch ausbreitet und überall gepriesen wird, genau wie bei euch" (2. Thessalonicher 3,1). Paulus bittet die Christen in Thessaloniki, dafür zu beten, dass sich das Evangelium durch die Gnade Gottes weiter verbreiten wird. Wörtlich sagt Paulus: „Betet …, dass das Wort des Herrn laufe" (*Luther*). Es soll weit laufen und dadurch verherrlicht werden, dass das Leben von Menschen verändert wird. Diese

Aussage ist ein klares Beispiel dafür, dass wir zum Gebet aufrufen können für die Wirksamkeit des christlichen Zeugnisses für das Evangelium.

Gleich mit dem nächsten Atemzug fügt Paulus jedoch hinzu: „Betet auch, dass wir vor den Gefahren errettet werden, die uns hier vonseiten böser und übelgesinnter Menschen drohen. Denn der Glaube findet nicht bei allen Zustimmung" (2. Thessalonicher 3,2). In Kapitel 2 haben wir gesehen, dass die sündige menschliche Natur das Licht des Evangeliums von Christus ablehnt. Überall, wo das Evangelium hinkommt, gibt es Widerstand. Nur durch die Gnade Gottes können Menschen es annehmen. Den Christen in Thessaloniki war das bewusst. In seinem ersten Brief an sie dankt Paulus Gott dafür, dass sie zum Glauben gekommen sind (1. Thessalonicher 1,2–10). Wenn nur durch die Gnade Gottes Menschen das Evangelium aufnehmen können, dann sollten wir natürlich Gott dafür danken, wenn immer jemand das tut. Dann erinnert Paulus die Thessalonicher daran, wie sie gleich nach der Aufnahme des Wortes Gottes selbst Widerstand erlebt haben (1. Thessalonicher 2,13–14).

Die doppelte Bitte des Paulus um Gebet am Ende seines zweiten Briefes, nämlich für die Ausbreitung des Evangeliums und um Schutz für seine Diener, bestätigt, was wir vorne in diesem Buch gesagt haben: Wenn wir Verfolgung sehen und von ihr hören, sollten wir nicht überrascht sein, aber auch nicht passiv bleiben. Die Existenz von Verfolgung vertieft unser Verlangen, im Gebet Gottes Gnade zu suchen.

Vergeben in dem Herrn

Fast jeder Christ ist mit dem Gebet des Herrn, dem „Vaterunser", wohl vertraut. Viele gehören zu Gemeinden, in denen dieses Gebet Teil des gemeinsamen Gottesdienstes ist. Die 57 Wörter dieses Gebets (im griechischen Originaltext des Matthäusevangeliums) haben zahllose Bücher, Broschüren und Artikel hervorgebracht, die die Bedeutung jeder der Bitten erforschen und uns ermutigen, das Gebet als einen Rahmen zu sehen, innerhalb dessen wir unsere eigenen Gebete formulieren.

Aber dieses Gebet, das einer der bekanntesten Teile der Bibel ist und sicherlich das bekannteste Gebet der christlichen Geschichte, enthält eine der emotional schwierigsten Aufgaben, zu der wir in unserem Leben des Gehorsams zu unserem Herrn Jesus Christus aufgefordert werden.

„Und vergib uns unsere Schuld, wie auch wir vergeben unsern Schuldigern." Dieser Satz geht uns so leicht von der Zunge, weil wir ihn allzu gut kennen. Aber was wird da tatsächlich gesagt?

Die Version nach Matthäus (Matthäus 6,9–13) gebraucht tatsächlich das Wort „Schuld", wohingegen Lukas in seiner leicht abgekürzten Version des Gebets (Lukas 11,2–4) das Wort „Sünde" benutzt. In der Praxis macht das wohl kaum einen Unterschied. Möglicherweise hat Matthäus das von Jesus gebrauchte aramäische Wort, das oft mit der Bedeutung „Sünde" genutzt wurde, wörtlich wiedergegeben. Diese Wahrscheinlichkeit wird durch die Tatsache verstärkt, dass Jesus im auf das Gebet folgenden Vers diese spezielle Bitte betont, indem er hinzufügt: „Denn wenn ihr den Menschen ihre Verfehlungen vergebt, so wird euch euer himmlischer Vater auch vergeben" (Matthäus 6,14; *Luther*).

Viele Bibelausleger und Prediger beeilen sich, darauf hinzuweisen, dass Jesus sicher nicht andeuten könne, dass wir uns Gottes Vergebung *verdienen* könnten, indem wir anderen vergeben – auch wenn das oberflächlich betrachtet hier so erscheinen möge. Wofür wäre Jesus dann am Kreuz für uns gestorben?

Wir sollten jedoch unbedingt erkennen, dass das Neue Testament wiederholt betont, dass der rettende Glaube in unserem Leben zum Ausdruck kommen muss. Um das hervorzuheben, werden manchmal Ausdrucksformen gebraucht, die für sich betrachtet nahezulegen scheinen, dass wir die Gnade und Gunst Gottes verdienen können. Ein Beispiel dafür sind die Worte des Paulus an die Christen in Rom, in denen er erklärt: „Wenn wir aber Kinder sind, sind wir auch Erben – Erben Gottes und Miterben mit Christus. Dazu gehört allerdings, dass wir jetzt mit ihm leiden; dann werden wir auch an seiner Herrlichkeit teilhaben" (Römer 8,17). In einem Brief, der so umfassend das Evangelium von der Rechtfertigung aus Gnade durch Glauben buchstabiert, wäre es ja eine Ungereimtheit, sollte Paulus nun das Wasser wieder eintrüben mit der Idee, wir könnten unser ewiges Erbe *verdienen*, indem wir einfach bereit sind, um des Namens Christi willen zu leiden. Nein, das ist nicht die Meinung des Paulus; aber wenn Gnade empfangen wird, muss sie auch *sichtbar* werden.

Die Bergpredigt, deren Teil das Vaterunser ist, richtet sich an solche, die bereits „Jünger" oder „Schüler" Jesu sind (Matthäus 5,1–2). Als Jüngern sollte uns klar sein, dass wir Gottes Vergebung brauchen – und wenigstens zum Teil wird der Beweis dafür, dass uns das bewusst ist, unsere Bereitschaft sein, anderen zu vergeben. Von Gott zu erbitten, was wir anderen verweigern, wäre beleidigend und vermessen. Dass dies die richtige Auslegung der Worte Jesu ist, wird später im Matthäusevangelium bestätigt: „Da wandte sich Petrus an Jesus und fragte: ‚Herr, wie oft muss ich meinem Bruder vergeben, wenn er immer wieder gegen mich sündigt? Siebenmal?‘ – ‚Nein‘, gab Jesus ihm zur Antwort, ‚nicht siebenmal, sondern siebenundsiebzigmal!‘“ (Matthäus 18,21–22). Die Antwort Jesu stellt klar, dass wir unserer Bereitschaft, zu vergeben, keine Grenzen setzen sollten. Im Anschluss an diesen Dialog mit Petrus erzählt Jesus das Gleichnis vom sogenannten „Schalksknecht“ (Matthäus 18,23–35), das die Heuchelei derer bloßstellt, die selbst Vergebung suchen, aber nicht bereit sind, anderen zu vergeben. Im Gleichnis wird dem Knecht eine riesige Schuldensumme erlassen. Er will jedoch auf einen viel kleineren Schuldbetrag nicht verzichten. Hier liegt sicher für uns als Christen der Knackpunkt: Nur wenn wir die Größe unserer Sünde gegenüber dem heiligen Gott richtig einschätzen, können wir die Vergehen anderer gegen uns im rechten Verhältnis sehen.

Nun ist es allerdings *eine* Sache, die Bedeutung der Worte Jesu im Vaterunser herauszuarbeiten, und eine ganz *andere* Sache, das in der Praxis umzusetzen. Schwach, zerbrechlich, unvollkommen bleiben wir, eben sündig, selbst wenn wir durch Christi Blut erlöst sind und sein Geist in uns wohnt. Es ist so leicht, mit ernstem Verlangen um Gottes Vergebung zu bitten und gleichzeitig bitter und nachtragend gegenüber anderen zu sein.

Ja, für unsere Gefühle ist das schwierig! Wie früher in diesem Kapitel bemerkt, müssen wir jedoch dieses Leben der Vergebung nicht in unserer eigenen Kraft führen, sondern in der Kraft, die Gott uns schenkt.

An dieser Stelle nun, so glaube ich, stehen wir vor der tiefsten und größten Lektion, die wir von denen lernen können, die durch das Trauma schlimmer Verfolgung gegangen sind, nämlich die Gnade Gottes zu erkennen, die uns dazu befähigt zu vergeben.

Zum ersten Mal stieß ich darauf, als ich den Bericht eines nigerianischen Pastors hörte, dessen christliche Gemeinde von einer Gruppe mit Waffen und Macheten bewaffneter islamistischer Militanten angegriffen wurde. Bei diesem Angriff wurden zahlreiche Glieder seiner Gemeinde hingeschlachtet, darunter seine Frau und seine Tochter. Mit bewegenden Worten sprach er davon, wie Jesus Christus ihm half, zu vergeben.

Später hatte ich das Vorrecht, einer Hausfrau aus demselben Land zu begegnen. Sie hatte erlebt, wie drei Teenager aus ihrer Familie in ihrem Haus durch eine andere Gruppe bewaffneter Milizen erschossen worden waren. Das war für sie schrecklich qualvoll. Dennoch konnte sie Vergebung aussprechen gegenüber denen, die ihr Haus und ihre Familie angegriffen hatten.

Wenn wir als Christen im Westen solche Berichte hören, sind wir versucht, auf eine der folgenden Weisen zu reagieren. Erstens könnten wir sagen: „Ich glaube nicht, dass ich so reagieren könnte, wenn mir so etwas Schreckliches passieren würde." Die zweite Reaktion könnte dann sein, mit größter Hochachtung auf die zu schauen, deren Geschichten wir gehört haben.

Beide Reaktionen sind verständlich. Wir sollten aber stattdessen Gott für seine durchtragende Gnade preisen. Christen, die treu durchhalten und in solchen und ähnlichen Versuchungen eine Christus gemäße Haltung zeigen, sind weder übermenschlich noch unempfindlich für Schmerz. Wenn sie angesichts solch schrecklichen Leidens Vergebung gewähren können, dann geschieht das zur Ehre Gottes, der Gnade erweisen kann, wo immer und wann immer sie vonnöten ist. Die Zeugnisse dieser verfolgten Christen erinnern uns daran, dass Gott das tatsächlich tut.

Für uns, die wir in ruhigeren Umständen leben, ist das Zeugnis treuer verfolgter Christen sowohl Herausforderung als auch Ermutigung. Es fordert unseren Glauben heraus und fragt uns, ob es Priorität in unserem Leben hat, die Gnade Gottes im Gebet zu suchen, und erinnert uns daran, dass wir nicht dazu berufen sind, dieses Leben in unserer eigenen Stärke zu leben, sondern in der Stärke, die Gott gibt. Gleichzeitig ermutigt uns das Zeugnis treuer verfolgter Christen. Im Leben solcher Menschen sehen wir den handgreiflichen Beweis dafür, dass diese Gnade heute in der Welt wirksam ist. Diese Gnade wird auch uns dann zur Verfügung stehen, wenn wir sie am meisten brauchen, um Jesus treu zu folgen.

UNSERE ANTWORT

- Lesen Sie Psalm 31. Was lernt David in und durch Bedrängnis und Verfolgung über Gottes Gnade?
- Zu welchen Zeiten in Ihrem Leben waren Sie sich der Gnade Gottes am stärksten bewusst?
- Wie reagieren Sie, wenn Sie von verfolgten Christen hören, die ihren Verfolgern vergeben? Inwiefern ist das Zeugnis solcher Christen eine Herausforderung oder eine Ermutigung für Sie?

KAPITEL 4

UNSERE ERFAHRUNG VON KIRCHE ERWEITERN

John Wesley soll gesagt haben: „So etwas wie einen Einzelgänger-Christen gibt es nicht."

Natürlich ist der christliche Glaube ein *persönlicher* Glaube. Im Gegensatz zu anderen Religionen ist der recht verstandene christliche Glaube nicht einfach eine Kultur, in die man hineingeboren werden kann. Das christliche Evangelium ist eine Botschaft, die gehört, verstanden und beantwortet werden will. Das Evangelium erklärt, dass Gott in der Person Jesu Christi an einem bestimmten Punkt der Geschichte auf einzigartige Weise gehandelt hat, um die Menschheit mit sich selbst zu versöhnen. Der Apostel Petrus hat das im Blick auf Jesus gegenüber einer Gruppe jüdischer Führer so zusammengefasst: „Bei niemand anderem ist Rettung zu finden; unter dem ganzen Himmel ist uns Menschen kein anderer Name gegeben, durch den wir gerettet werden können" (Apostelgeschichte 4,12).

Das Evangelium erfordert auch eine Antwort, nämlich dass wir zugeben, dass wir, vor Gott schuldig sind, seine Gnade brauchen und glauben, dass Jesus Christus diese Gnade ermöglicht hat, indem er an unserer Stelle am Kreuz starb. Wir vertrauen darauf, dass er zu unserer Rettung für uns gestorben ist, und wollen ihm nun als unserem Herrn folgen. Der Apostel Paulus beschrieb, wie sein Dienst der Evangeliumsverkündigung Menschen zu dieser Antwort aufgerufen hatte, als er die Gemeindeältesten aus Ephesus daran erinnerte: „Juden wie Nichtjuden forderte ich eindringlich auf, zu Gott umzukehren und an Jesus, unseren Herrn, zu glauben" (Apostelgeschichte 20,21).

All das betont den persönlichen Aspekt des christlichen Glaubens.

Allerdings macht die Bibel klar, dass diese persönliche und lebensverändernde Entscheidung für Christus mich nicht zu einem isolierten, individualistischen Nachfolger Jesu macht. Ein Nachfolger Jesu zu werden, bedeutet, Teil des Volkes Gottes oder der Familie Gottes zu werden.

Das Neue Testament benutzt eine Vielfalt von Bildern, um diese Familie zu beschreiben. Viele von ihnen sind dem Alten Testament entnommen und zeigen damit an, dass die Gemeinde Jesu Christi die Erfüllung des alttestamentlichen Volkes Gottes, also Israels, ist. Ein klassisches Beispiel dafür findet sich im 1. Petrusbrief. Er häuft geradezu Bilder auf, die er dem Alten Testament entnommen hat: „Kommt zu ihm! Er ist jener lebendige Stein, den die Menschen für unbrauchbar erklärten, aber den Gott selbst ausgewählt hat und der in seinen Augen von unschätzbarem Wert ist. Lasst euch selbst als lebendige Steine in das Haus einfügen, das von Gott erbaut wird und von seinem Geist erfüllt ist. Lasst euch zu einer heiligen Priesterschaft aufbauen, damit ihr Gott Opfer darbringen könnt, die von seinem Geist gewirkt sind … Ihr jedoch seid das von Gott erwählte Volk; ihr seid eine königliche Priesterschaft, eine heilige Nation, ein Volk, das ihm allein gehört... Früher wart ihr nicht Gottes Volk – jetzt seid ihr Gottes Volk. Früher wusstet ihr nichts von seinem Erbarmen – jetzt hat er euch sein Erbarmen erwiesen“ (1. Petrus 2,4–5 und 9–10). Christen, die im Glauben mit Jesus vereinigt wurden, sind nun der wahre Tempel, der Ort, an dem Gott gegenwärtig ist (vgl. auch Epheser 2,19–22).

Der Kirche Jesu Christi angegliedert zu sein, bringt sowohl Segen als auch Verantwortung. Wir haben den Segen christlicher Gemeinschaft, dieses einzigartigen, übernatürlichen Bandes zwischen Menschen von allen möglichen Hintergründen, die durch den Glauben an Christus vereinigt werden zu Anbetung, Zeugnis und gemeinsamem Leben im Glauben. Gleichzeitig bringt das auch die Verantwortung, Christus, unserem Herrn, bereitwillig und als Teil seiner Kirche zu dienen.

Aus offensichtlichen und einsichtigen Gründen beginnt dieser hingebungsvolle Dienst in der örtlichen Gemeinschaft von Christen, zu der wir gehören. Das meinen wir ja auch in der Regel zuerst, wenn wir von „Kirche“ reden. Daher fragen sich Christen untereinander: „Zu welcher Kirche gehen Sie?“ In diesen örtlichen Versammlungen von Christusgläubigen geben wir unsere materiellen Gaben, bringen uns ein im christlichen Dienst und versuchen Woche für Woche, Gott anzubeten und ihn zu bezeugen.

Letztlich gibt es aber nur *eine* Kirche, *ein* Volk Gottes, *einen* „Leib Christi“; denn Christus ist das repräsentative „Haupt“ dieses Leibes (Epheser 1,22–23). Aus diesem Grund beginnen unsere Verbindlichkeit und unser Dienst zwar in der örtlichen Gemeinschaft, zu der wir gehören, sie sollten aber nicht dort enden. Das Verlangen, Christus zu dienen, und der Eifer für sein Evangelium haben zu allen Zeiten Christen dazu angeregt, über den Horizont ihrer Gemeinde vor Ort hinauszublicken und sich durch Gebet und Taten dafür einzusetzen, was anderswo in Gottes Welt geschieht.

Und damit kommen wir zu der vierten Weise, auf die wir gesegnet werden, wenn wir uns ernsthaft mit dem Thema Verfolgung auseinandersetzen. Dadurch wird nämlich unsere rein individualistische Sicht vom Reich Gottes in Frage gestellt und unsere Erfahrung von Kirche erweitert.

Einheit des Leibes

Der Gedanke der Kirche als „Leib", genauer gesagt als Leib Christi, wird mit den Lehren des Apostels Paulus in Verbindung gebracht. Das ist ein sehr ausdrucksstarkes Bild, das besonders uns in der individualistischen westlichen Welt herausfordert. Paulus will mit diesem Bild zeigen, dass wir sehr unterschiedlich sind, aber *in Christus* zusammengehören (1. Korinther 12,14–31). Wenn wir den gleichen rettenden Glauben an den Herrn teilen, sollten wir uns niemals ausgeschlossen fühlen und auch anderen nicht dieses Gefühl vermitteln.

Das Bild vom „Leib", dessen Haupt Christus ist, betont die Einheit oder Einigkeit, die in der Kirche Jesu Christi vorhanden ist. Paulus schreibt den Korinthern: „Denkt zum Vergleich an den menschlichen Körper! Er stellt eine Einheit dar, die aus vielen Teilen besteht; oder andersherum betrachtet: Er setzt sich aus vielen Teilen zusammen, die alle miteinander ein zusammenhängendes Ganzes bilden. Genauso ist es bei Christus. Denn wir alle – ob Juden oder Nichtjuden, Sklaven oder Freie – sind mit demselben Geist getauft worden und haben von derselben Quelle, dem Geist Gottes, zu trinken bekommen, und dadurch sind wir alle zu einem Leib geworden" (1. Korinther 12,12–13).

Selbst wenn die menschliche Natur durch die Gnade Gottes erneuert wurde, ist es nicht immer leicht, diese Einheit zu wahren. Daher geht es beim Bild vom „Leib" nicht nur um eine lehrmäßige Feststellung, sondern auch um eine Ermahnung. Paulus schreibt an die Epheser: „Ich bitte euch nun: Denkt daran, dass Gott euch zum Glauben gerufen hat, und führt ein Leben, das dieser Berufung würdig ist! Keiner soll sich über den anderen erheben. Seid vielmehr allen gegenüber freundlich und geduldig und geht nachsichtig und liebevoll miteinander um. Setzt alles daran, die Einheit zu bewahren, die Gottes Geist euch geschenkt hat; sein Frieden ist das Band, das euch zusammenhält. Mit ‚Einheit' meine ich dies: ein Leib, ein Geist und genauso auch eine Hoffnung, die euch gegeben wurde, als Gottes Ruf an euch erging" (Epheser 4,1–4).

Sich mit der Situation derer auseinanderzusetzen, die für ihren Glauben an Christus schwere Verfolgung erleiden, ist sowohl für einzelne Christen als auch für christliche Ortsgemeinden ein sehr klarer Weg, auf dem wir diese Einheit oder Einigkeit ausdrücken und selbst davon profitieren können. Christen in anderen Teilen der Welt, die um ihres Glaubens willen verfolgt wurden, zu besuchen und ihnen persönlich zu begegnen, kann sehr demütigend sein, aber auch sehr bereichernd.

In unseren eigenen kirchlichen Gemeinschaften schätzen wir manchmal viel zu wenig die geistliche Verbindung, die wir in Christus haben. Im Schmelztiegel des Leidens für den Glauben wird diese Verbindung jedoch vertieft. Die Christen, die quälende Geschichten von Verfolgung zu berichten haben, werden sehr ermutigt dadurch, dass die Kirche im Westen von ihrer Notlage weiß und sich für sie einsetzt. Nicht jeder von uns kann körperlich in solche Länder gehen, aber wir können Wege entdecken und entwickeln, mehr über unsere leidenden Schwestern und Brüder in Christus zu erfahren, uns mit ihnen eins zu machen und sie zu unterstützen. Oft wird das bedeuten, Verbindung aufzunehmen mit Missionsgesellschaften, die weltweit verfolgten Christen Hilfe anbieten.

In seiner ausführlichen Abhandlung über das Bild vom „Leib" im 1. Korintherbrief, erklärt Paulus: „Wenn ein Teil des Körpers leidet, leiden alle anderen mit …" (1. Korinther 12,26). Das trifft natürlich auf den menschlichen Körper zu. Wenn ich mir meinen Zeh stoße, dann ist es mein Mund, der einen Schmerzensschrei ausstößt; wenn ich mein Knie aufschürfe, dann sind es meine Hände, die Salbe auftragen und ein Pflaster darüber kleben.

Das Prinzip, dass wir unser Einssein in Christus inmitten von Leiden oder Problemen zum Ausdruck bringen, ist vielen von uns bewusst, weil wir es möglicherweise in unseren örtlichen Gemeinden erfahren haben. Wenn jemand aus der Gemeinde im Krankenhaus liegt, werden ihn andere besuchen oder praktische Hilfe anbieten. Vermutlich würden wir für diese Person auch im Sonntagsgottesdienst oder in der Gebetsversammlung während der Woche beten.

Wenn wir jedoch in Verbindung treten mit Christen, die weltweit um des Evangeliums willen leiden, dann bringen wir diesen Ausdruck von Einssein und Einheit auf eine tiefere Ebene. Solche Verbindungen können unseren Glauben bereichern. Durch sie sehen und erleben wir nämlich, was es bedeutet, ein Nachfolger Jesu Christi zu sein und Teil seines Leibes, der den Hass der Welt und die Ablehnung des Herrn erleidet.

An verschiedenen Stellen im Neuen Testament sehen wir, wie der Apostel Paulus für die Sammlung wirbt, die er unter den Gemeinden mit nichtjüdischem Hintergrund durchführt, um die verarmte jüdisch-christliche Gemeinde in Judäa zu unterstützen. Ich glaube, dass für Paulus die Bedeutung dieser Sammlung nicht nur mit Fairness und Gerechtigkeit, also dem Wunsch, dass die Wohlhabenderen die Ärmeren unterstützen, zu erklären ist. Für Paulus kommt theologisch gesehen dadurch auch das Einssein zu Ausdruck, also die Einheit des Leibes Christi. Dieses selbe Einssein können auch wir heute zum Ausdruck bringen, wenn wir uns mit denen identifizieren und sie unterstützen, die für den gleichen Glauben, den wir bekennen, leiden.

Im vorigen Kapitel haben wir festgestellt, dass der Hebräerbrief geschrieben wurde, um Christen zu ermutigen und zu ermahnen, in ihrem Glauben inmitten von Angriffen durchzuhalten (Hebräer 13,22). Interessanterweise mahnt der Schreiber seine Leser am Anfang des letzten Kapitels mit den Worten: „Denkt an die Gefangenen und nehmt an ihrem Schicksal Anteil, als wärt ihr selbst mit ihnen im Gefängnis. Habt Mitgefühl mit den Misshandelten, als wäre es euer Körper, dem die Schmerzen zugefügt werden“ (Hebräer 13,3).

Der Zusammenhang legt nahe, dass die Menschen, an die die Leser denken sollen, (a) Mitchristen sind und (b) solche, die für ihren Glauben, also einfach, weil sie Christen sind, im Gefängnis sind oder misshandelt werden. Die Sorge des Schreibers um den schwankenden Glauben seiner Leser hält ihn nicht davon ab, sie zu ermahnen, sich um andere zu kümmern. Ganz im Gegenteil: Wenn die Fürsorge für Mitchristen Teil unserer Verantwortung als Glieder am Leib Christi ist, dann wird es unseren eigenen Glauben stärken, das tatsächlich zu tun! Weiter vorne im Brief erinnerte der Schreiber die Christen an den Eifer, den sie gezeigt haben, als sie selbst gerade Christen geworden waren: „Damals, als Gott euch die Augen für die

Wahrheit öffnete, hattet ihr viel zu leiden und schwere Kämpfe zu bestehen. Wisst ihr noch, wie standhaft ihr das alles ertragen habt? Einige von euch wurden in aller Öffentlichkeit beschimpft und misshandelt; die Übrigen standen denen, die das durchmachen mussten, treu zur Seite. Auch mit denen, die im Gefängnis waren, habt ihr gelitten …" (Hebräer 10,32–34). Mit anderen Worten: Wozu er sie jetzt ermahnt (in Hebräer 13,3), ist etwas, von dem er weiß, dass sie es in der Vergangenheit geschafft haben.

Uns für unsere Mitchristen, die Verfolgung erleiden, einzusetzen und uns liebevoll um sie zu kümmern, ist tatsächlich ein wichtiger Aspekt unserer Nachfolge. Es dient der geistlichen Gesundheit sowohl jedes Einzelnen als auch der örtlichen Gemeinde. Vor allem stellt die neutestamentliche Lehre von der Einheit und der gegenseitigen Verbundenheit im Leib Christi den Einsatz für unsere verfolgten Geschwister aber als eine grundlegende Verantwortung heraus, der wir uns nicht entziehen sollten.

Miteinander lernen als Leib

Man könnte dafür plädieren, dass das vorige Kapitel die theologische Mitte, sozusagen der Dreh- und Angelpunkt des gesamten Buches sei. Schließlich fließt uns alles im Leben, und besonders im Leben als Christ, von der souveränen Gnade Gottes zu.

Wir könnten aber mit gleichem Recht anführen, dass wir in diesem Kapitel bei so etwas wie der praktischen Mitte des Buches angekommen sind. Durch alle Kapitel hindurch haben wir darauf hingewiesen, dass die recht verstandene Auseinandersetzung mit der weltweiten Verfolgung von Christen ein echter Segen für uns sein könne. Dieser Segen lässt sich verstehen durch die Beziehungen, die wir innerhalb des Leibes Christi haben.

Zu Anfang dieses Kapitels wiesen wir darauf hin, dass der christliche Glaube sehr persönlich sei, dass das christliche Leben dann aber als Teil von Gottes Familie ausgelebt werde. Die Nachfolge Jesu sollte eine gemeinsame Erfahrung des erlösten Volkes Gottes sein – und dazu gehört unsere Haltung zu Verfolgung.

Im 12. Kapitel des Römerbriefs wird das eindrücklich illustriert. Paulus beginnt das Kapitel mit den Worten: „Ich ermahne euch nun, Brüder und Schwestern, durch die Barmherzigkeit Gottes …" (Römer 12,1; *Luther*). Ausleger der Bibel haben darauf hingewiesen, dass ein Wort wie „nun" oder „daher" in der Heiligen Schrift uns dazu zwingt, im Text zurückzublicken. Der Schreiber stellt nämlich dadurch eine Verbindung her zu etwas, das er vorher geschrieben hat. „Weil das, was ich gerade geschrieben habe, wahr ist, *daher*, im Licht dessen, sage ich jetzt …"

Worauf also bezieht sich Paulus am Anfang von Römer 12? Vermutlich geht es um alles, was er bis dahin in diesem Brief geschrieben hat! Inspiriert von Gott, liefert Paulus in seinem Brief an die Römer eine umfassende, systematische und logische Erklärung des Evangeliums und seiner Wohltaten, wie wir sie sonst nirgends im Neuen Testament finden. Zweieinhalb Kapitel verwendet er dafür, die Tatsache hervorzuheben, dass ohne Ausnahme jeder Mensch, sei er Heide oder Jude, von Natur aus als verurteilter sündiger Rebell vor Gott steht. Dem folgt die großartigste Definition dessen, was Gott getan hat, um uns durch das Opfer seines Sohnes mit sich selbst zu versöhnen, und wie wir die Wohltaten dieses Werkes empfangen, nämlich allein durch Glauben. In den Kapiteln 5 – 8 schreitet

Paulus dann weiter zu der Gewissheit, die das Evangelium uns gibt, und gelangt dabei zu einem vorläufigen Höhepunkt (siehe Römer 8,37–39) der Freude an der Gewissheit, die ein Christ in Christus hat. Keine Analyse des Evangeliums wäre jedoch vollständig ohne das Nachdenken darüber, wie es zusammenpasst mit den irdischen Verheißungen, die Gott seinem Volk des Alten Bundes gemacht hat. Damit beschäftigt sich Paulus in den Kapiteln 9–11.

Am Ende seiner Analyse reagiert Paulus auf das herrliche Evangelium mit staunender Anbetung: „Wie unerschöpflich ist Gottes Reichtum! Wie tief ist seine Weisheit, wie unermesslich sein Wissen! … Gott ist es, von dem alles kommt, durch den alles besteht und in dem alles sein Ziel hat. Ihm gebührt die Ehre für immer und ewig. Amen" (Römer 11,33.36).

Amen, in der Tat! Lob und Dank werden immer die angemessene Antwort des Christen sein auf das, was Gott in Christus für uns getan hat. Aber dann kommt die Anwendung. Im Lichte dieses Evangeliums, das Paulus uns so gründlich dargestellt hat, schreibt er jetzt: „Ich ermahne euch nun, Brüder und Schwestern, durch die Barmherzigkeit Gottes, dass ihr euren Leib hingebt als ein Opfer, das lebendig, heilig und Gott wohlgefällig sei. Das sei euer vernünftiger Gottesdienst" (Römer 12,1; *Luther*).

Kapitel 12 stellt im Römerbrief einen Wendepunkt dar oder ein Scharnier. Im Lichte der überschwänglichen Barmherzigkeit und Gnade, die Gott uns erwiesen hat, sollen wir unser ganzes Leben ihm geben. Diese rückhaltlose Antwort, die jeden Aspekt unseres Lebens umfasst, ist die wahre Bedeutung von „Gottesdienst".

Der Rest des Briefes besteht aus Beispielen dessen, was das in der Praxis heißt. Ab Kapitel 13 werden einige im Einzelnen behandelt. Hier in Kapitel 12 beginnt Paulus jedoch mit der Geschwindigkeit eines Maschinengewehrs, ohne Atem zu holen, eine Liste von Anschauungsbeispielen herunterzurattern (Römer 12,3–21)!

Wenn wir nach einer Grundidee suchen, die alle diese Beispiele verbindet, dann könnte das die *Beziehung* sein. Nachfolge Jesu ist die geteilte Erfahrung des erlösten Volkes Gottes. Paulus ermutigt uns daher zuerst, eine geeignete biblische Sicht von uns selbst als Gliedern des Leibes Christi anzunehmen (Römer 12,3–8), und dann „Liebe" zum bleibenden Kennzeichen unserer Beziehungen zu machen – sowohl in diesem Leib als auch in der Welt um uns her (Römer 12,9–21).

Bezeichnenderweise denkt Paulus in Bezug auf unsere Beziehung zur Welt vor allem an deren Feindschaft (Römer 12,12 und dann die Verse 14–21). In diesem Zusammenhang wird „Gottesdienst" bedeuten, „geduldig in Trübsal" (Vers 12) zu sein; es wird bedeuten, die zu segnen, die uns verfolgen (Vers 14); es wird bedeuten, nicht auf Rache aus zu sein (Verse 17 und 19), sondern stattdessen gegenüber denen, die uns verfolgen könnten, eine liebevolle Haltung zu bewahren (Verse 18, 20 und 21).

Achten Sie darauf, wie Paulus inmitten dieser Verse betont, wie wichtig es ist, für unsere Mitchristen zu sorgen, wenn sie leiden: „…Lasst euch durch nichts vom Gebet abbringen. Helft Gläubigen, die sich in einer Notlage befinden" (Römer 12,12–13), „weint mit denen, die weinen" (Vers 15); „… seid nicht überheblich, sondern sucht die Gemeinschaft mit denen, die unscheinbar und unbedeutend sind" (Vers 16). Die Feindschaft der Welt, die Art, wie wir darauf reagieren, und die Art, wie wir für unsere bedürftigen und leidenden Mitchristen sorgen, werden in diesen Versen eng miteinander verknüpft als Illustrationen dessen, was es heißt, sich ganz dem Herrn hinzugeben als Antwort auf die Barmherzigkeit, die er uns erwiesen hat.

Wie wir bereits bemerkt haben, gehen diesen Versen im hinteren Teil des Kapitels die ersten Beispiele von „Gottesdienst“ voraus, der darin besteht, uns als Teile des Leibes Christi wahrzunehmen mit Gaben und Möglichkeiten, die für das Wohl dieses Leibes eingesetzt werden sollen (Römer 12,3–8). Nachfolge Jesu ist die geteilte Erfahrung des Volkes Gottes. Als *ein* Leib also reagieren wir auf die Erfahrung von Verfolgung und lernen davon.

Aus seelsorgerlicher und praktischer Perspektive ist das wichtig. Wie wir schon bemerkten, haben Christen im Westen im Großen und Ganzen heute keine Erfahrungen aus erster Hand mit schwereren Formen von Verfolgung, wie sie von Brüdern und Schwestern in Christus in anderen Teilen der Welt erduldet werden. Heißt das vielleicht, dass bei uns ein entscheidender Bestandteil von Nachfolge fehlt? Und falls das zutrifft: Ist es richtig, wenn wir uns nach ähnlichen Erfahrungen von Verfolgung ausstrecken?

Durch mein Leben als Christ hindurch bin ich immer mal wieder Christen begegnet, die ähnliche Empfindungen zum Ausdruck gebracht haben: „Ich denke, wir könnten ein gewisses Maß an Verfolgung in unserem Land gebrauchen …“ Meist wurde diese Sicht veranlasst durch das Nachdenken über den Mangel an evangelistischem Eifer oder die lehrmäßige Lässigkeit in den Kirchen des Westens. Solche Christen kommen dann zu dem Schluss, dass ein gewisses Maß von Verfolgung uns ein bisschen aufrütteln könnte.

Man könnte Sympathie für diese Sicht oder wenigstens für die Frustration, die dahinter steckt, empfinden, aber sie ist aufs Ganze gesehen unangebracht. Die Heilige Schrift ermutigt uns nicht, Verfolgung zu ersehnen oder gar zu suchen. Allein schon ein Blick auf das Leben des Apostels Paulus zeigt uns Situationen, in denen er genau das Gegenteil tut. In Damaskus wurde er in einem Korb an der Stadtmauer heruntergelassen, um den Mordversuchen zu entgehen (Apostelgeschichte 9,23–25). Auf seiner ersten Missionsreise flohen er und Barnabas aus Ikonion, als sie erfuhren, dass Gegner hinter ihnen her waren (Apostelgeschichte 14,5–6). Später berief er sich auf seine Rechte als römischer Staatsbürger, um der Auspeitschung zu entgehen (Apostelgeschichte 22,22–29).

Keines dieser Beispiele gibt irgendeine Rechtfertigung dafür, unseren Glauben zu verleugnen, um Leiden zu vermeiden. Aber die Beispiele sind eine wertvolle biblische Hilfe beim Nachdenken über den Ort von Verfolgung im christlichen Leben und unsere Einstellung dazu. Letztlich wird selbst in Ländern, in denen es schwere Bedrängnis für Christen gibt, die Verfolgung niemals einheitlich und ununterbrochen erlebt. Eine Gemeinde wird vielleicht angegriffen, die andere nicht. Ein Pastor wird zum Märtyrer, während viele andere im gleichen Land nicht ermordet werden. Allein diese Tatsache belegt, was wir hier sagen wollen: Wir lernen nicht von Verfolgung, indem wir begierig oder sogar rücksichtslos eine ähnliche Erfahrung für uns selbst suchen. Vielmehr erleben wir Verfolgung *als Leib Jesu.*

Zum gegenwärtigen Zeitpunkt der Weltgeschichte bedeutet das für uns im Westen, dass wir uns sinnvoll einsetzen für das, was anderswo in unserer Welt geschieht, dass wir uns mit Christen identifizieren, die von schweren Leiden gequält werden, sie unterstützen, ermutigen und für sie beten. Und gleichzeitig gestehen wir zusammen als *ein* Leib der biblischen Wahrheit zu, diese Erfahrungen auszulegen, um dadurch unseren Glauben zu schärfen und uns im Dienst für Christus und sein Evangelium zu stärken.

Liebe zu dem ganzen Leib

Wie wir gerade gesehen haben, gehören zu einer vorbehaltlosen Hingabe an das Evangelium Christi durch Liebe gekennzeichnete Beziehungen. „Lasst im Umgang miteinander Herzlichkeit und geschwisterliche Liebe zum Ausdruck kommen" (Römer 12,10). Auf ähnliche Weise sagt Jesus in der Nacht vor seiner Kreuzigung seinen Jüngern: „Ich gebe euch ein neues Gebot: Liebt einander! Ihr sollt einander lieben, wie ich euch geliebt habe. An eurer Liebe zueinander werden alle erkennen, dass ihr meine Jünger seid" (Johannes 13,34–35).

Wir haben in diesem Kapitel die These aufgestellt, dass die Auseinandersetzung mit Verfolgung eine individualistische Sicht vom Reich Gottes in Frage stellt und dadurch die Erfahrung von dem, was Kirche ist, erweitert. Ein grundlegender Aspekt dieser Erfahrung von Kirche ist die Liebe, von der sowohl Jesus als auch die Apostel sprachen: Diese Liebe ist praktisch, sorgt für andere und wird dadurch zu einem kraftvollen Zeugnis gegenüber der Welt für die Wirklichkeit Jesu und seiner verändernden Wirksamkeit.

Paulus gibt in seinem 1. Brief an die Thessalonicher ein ausführliches Anschauungsbeispiel für diese liebevolle Fürsorge angesichts von Verfolgung. Der Dienst von Paulus in Thessaloniki während seiner zweiten Missionsreise wird in Apostelgeschichte 17 geschildert. Paulus verbrachte dort einige Zeit in der Synagoge und versuchte, die Juden aus der Heiligen Schrift zu überzeugen (Apostelgeschichte 17,2–3). Nachdem jüdische Gegner des Evangeliums einen stadtweiten Aufruhr angezettelt hatten, war er gezwungen, die Stadt zu verlassen (Apostelgeschichte 17,5–10).

Aus dem 1. Thessalonicherbrief geht hervor, dass damals eine Gemeinde von Christusgläubigen gegründet wurde und dass es nicht lange dauerte, bis diese neuen Christen selbst Feindschaft vor Ort erlebten (1. Thessalonicher 2,14; 1. Thessalonicher 1,6–7). Das war vermutlich keine Überraschung für sie, denn Paulus hatte sie offensichtlich gelehrt, gerade das zu erwarten: „Im Übrigen hatten wir euch, schon als wir bei euch waren, immer wieder darauf hingewiesen, dass es zu Verfolgungen kommen wird, und was das bedeutet, wisst ihr inzwischen aus eigener Erfahrung" (1. Thessalonicher 3,4). Wir wissen nicht genau, wieviel Zeit Paulus in der Stadt verbracht hatte; aber als Paulus diese Babys im Glauben geistlich unterwies, hatte er augenscheinlich Zeit gefunden, sie über Widerstand gegenüber dem Evangelium zu lehren. Was Paulus betraf, war das wohl Teil der grundlegenden christlichen Lehrinhalte. Wenn Sie oder ich die Aufgabe bekommen würden, einen Jüngerschaftskurs für neue Christen in unserer Gemeinde zu schreiben, würden wir dann instinktiv eine Lehreinheit einfügen über die Feindschaft, die die neuen Gläubigen erwarten sollten?

Was wir im 1. Thessalonicherbrief sehen, stimmt genau mit dem überein, was wir im zweiten Kapitel über das Evangelium und das Wesen des Menschen gesagt haben. An dieser Stelle interessiert uns jedoch vor allem die Fürsorge des Paulus für diese junge Gemeinde. Er hatte sie eigentlich besuchen wollen, aber bestimmte Umstände hatten das verhindert. Paulus bezeichnet diese Umstände als Werk des Satans (1. Thessalonicher 2,17–18). Als er es schließlich „nicht mehr länger aushielt", sandte er seinen Freund und Mitarbeiter Timotheus, um sie „im Glauben zu stärken und zu ermutigen" (1. Thessalonicher 3,1–2). Warum? Paulus sah Verfolgung offensichtlich als eine wirkliche Gefahr für den Glauben der Christen in Thessaloniki (1. Thessalonicher 3,3.5). Er machte sich Sorgen, sie könnten durch ihr Leiden vom Glauben an Christus abfallen.

So war das seelsorgerliche Herz des Paulus beschaffen! Haben wir heute als Christen im Westen auch nur annähernd solch ein seelsorgerliches Anliegen für unsere weltweit verfolgten Brüder und Schwestern? Sind wir besorgt über die möglichen Auswirkungen von gewaltsamer Verfolgung, von Druck und Inhaftierungen auf den Glauben junger Christen? Welche Wirkung könnte etwa die Inhaftierung und eventuell sogar die Folter eines Pastors auf den Glauben seiner Kinder haben? Ist es unser ernsthafter Wunsch, dass Christen angesichts von Feindschaft gegenüber dem Evangelium „im Glauben gestärkt und ermutigt" werden? Ist es unser aufrichtiges Gebet, dass der Glaube von Christen, die direkt von der Ablehnung Jesu durch die Welt betroffen sind, vertieft und nicht zerstört werde?

Paulus schreibt an die Christen in Thessaloniki, nachdem Timotheus von seinem kurzen Besuch zur Erkundigung und Ermutigung zurückgekehrt ist. Timotheus war offensichtlich mit guten Nachrichten zurückgekommen. Wir können die geradezu überschäumende Freude in den Worten des Paulus spüren: „Doch jetzt ist Timotheus mit so guten Nachrichten zu uns zurückgekehrt! Er hat uns von eurem Glauben und eurer Liebe erzählt und dass ihr uns stets in guter Erinnerung habt und euch genauso sehr wie wir nach einem Wiedersehen sehnt. Diese Nachrichten über euch und euren Glauben, Geschwister, haben uns in unseren eigenen Nöten und Schwierigkeiten neuen Mut gegeben. Ja, wir leben richtig auf, seit wir erfahren haben, dass ihr treu zum Herrn haltet" (1. Thessalonicher 3,6–8).

Ist das nicht wunderbar? Das Wissen, dass die jungen Christen in Thessaloniki auch angesichts von Feindschaft im Glauben durchhielten, vermittelte Paulus eine tiefe Freude. Und er selbst wurde inmitten seiner bedrängten Situation dadurch ermutigt (1. Thessalonicher 3,7). Insofern können wir sagen, dass Paulus den Segen erlebte, der dort entsteht, wo man sich einsetzt für Christen, die für ihren Glauben leiden.

Gegen Ende seines Lebens würde Paulus dann selbst Empfänger dieser Art von liebevoller seelsorgerlicher Fürsorge sein.

Man kann mit Sicherheit davon ausgehen, dass der 2. Timotheusbrief der letzte Brief des Apostels ist, der sich im Neuen Testament befindet. Paulus ist wieder im Gefängnis und wartet auf seinen Prozess, mit dessen negativem Ausgang er rechnet (2. Timotheus 4,6–7). Anscheinend ist der Märtyrertod das, was er für die sehr nahe Zukunft zu erwarten hat. Für Paulus bedeutet das eine Übergangsphase: Die Leitung geht von einem Apostel auf die nächste Generation über. Paulus schreibt an Timotheus, einen Mann, den er seit etlichen Jahren kennt und der mit ihm im Dienst des Evangeliums stand.

Im ganzen Brief schwingt das Anliegen mit, dass die *eine* wahre apostolische Lehre festgehalten, geschützt, gelehrt und weiter verkündigt werden müsse: „Lass dir die gesunde Botschaft, die du von mir gehört hast, als Maßstab für deine eigene Verkündigung dienen" (2. Timotheus 1,13). „Gib die Botschaft, die du von mir gehört hast … an vertrauenswürdige und zuverlässige Menschen weiter, die ebenfalls fähig sind, andere zu lehren" (2. Timotheus 2,2). „Setze alles daran, dich vor Gott als ein bewährter Mitarbeiter zu erweisen, … der die Botschaft der Wahrheit unverfälscht weitergibt" (2. Timotheus 2,15). „Verkünde die Botschaft Gottes! Tritt für sie ein, ob sie erwünscht ist oder nicht. Decke Schuld auf, weise zurecht, ermahne und ermutige …" (2. Timotheus 4,2).

Eng verknüpft mit diesen Ermahnungen ist die Anerkennung, dass das Evangelium sowohl innerhalb der Kirche (Irrlehre) als auch außerhalb (Verfolgung) Feindschaft hervorrufen wird. Natürlich war Timotheus sich dessen bewusst, seit er Zeit mit Paulus verbracht hatte. Trotzdem tat ihm eine Erinnerung daran gut. Am Anfang des Briefes ermutigt Paulus ihn, sich nicht zu schämen, zum Evangelium und zu Paulus, der im

Gefängnis dahinsiechte, zu stehen, und vielmehr auch bereit zu sein, „für das Evangelium zu leiden“ (2. Timotheus 1,8). „Für das Evangelium leiden“ schloss vermutlich die Möglichkeit ein, dass Timotheus direkt von Leiden betroffen werden könnte, aber auch das „indirekte Leiden“ durch Identifizierung mit denen, die so litten wie Paulus.

Paulus führt dann das Beispiel des Onesiphorus an. Das ist kein besonders bekannter Name unter all den Personen, denen wir im Neuen Testament begegnen, aber einer, für den Paulus sicher dankbar ist: „Nur Onesiphorus hat treu zu mir gehalten. Möge seine Familie die Barmherzigkeit des Herrn erfahren! Denn er hat mich oft ermutigt und hat sich nicht geschämt, zu mir zu stehen, obwohl ich ein Gefangener bin und in Ketten liege. Im Gegenteil: Sobald er in Rom war, suchte er nach mir, und er gab nicht auf, bis er mich gefunden hatte“ (2. Timotheus 1,16–17).

Der Name Onesiphorus bedeutet „einer, der anderen Nutzen bringt“, und Onesiphorus hat sicherlich seinem Namen alle Ehre gemacht! Jemanden wie Paulus im Gefängnis zu besuchen, barg durchaus Risiken. Der Besucher konnte mit all dem identifiziert werden, für das Paulus stand. Trotzdem machte sich Onesiphorus die Mühe, Paulus aufzusuchen – und er „ermutigte“ dadurch den Apostel. Welch ein Zeugnis!

Eigentlich hat Onesiphorus dabei einfach die Lehren Jesu ausgelebt. In seinem Gleichnis von den Schafen und den Böcken (Matthäus 25,31–46) beschreibt Jesus alle, die am Tag des Gerichts von Gott gesegnet sein werden, folgendermaßen: „Denn ich war hungrig, und ihr habt mir zu essen gegeben; ich war durstig, und ihr habt mir zu trinken gegeben; ich war ein Fremder, und ihr habt mich aufgenommen; ich hatte nichts anzuziehen, und ihr habt mir Kleidung gegeben; ich war krank, und ihr habt euch um mich gekümmert; ich war im Gefängnis, und ihr habt mich besucht" (Matthäus 25,35–36). Diejenigen, die so beschrieben werden, bringen ihre Überraschung zum Ausdruck und fragen, wann es denn gewesen sei, dass sie Jesus auf diese lobenswerte Weise behandelt hätten. Seine Antwort ist: „Ich sage euch: Was immer ihr für einen meiner Brüder getan habt – und wäre er noch so gering geachtet gewesen –, das habt ihr für mich getan" (Matthäus 25,40).

Ich stimme den Auslegern zu, die dem Wort „Brüder" hier eine spezielle und enge Bedeutung zumessen. Im Matthäusevangelium bezieht sich „Brüder" immer nur auf die Glieder der erweiterten irdischen Familie Jesu oder – was für uns an dieser Stelle relevant ist – auf seine Nachfolger. Dieser letztere Gebrauch des Wortes wird dann im Rest des Neuen Testaments fortgesetzt, wo „Brüder" zur üblichen Anrede für Mitchristen wird. Das heißt, Jesus beschreibt wohl an dieser Stelle die Art, wie Christen ihre Mitchristen behandeln sollten.

Manche haben dagegen eingewandt, die Beschränkung der Bedeutung von „Brüder" in diesem Abschnitt auf unsere Mitchristen lege dem Radius praktischer christlicher Liebe unnötige Grenzen auf und verunreinige sie dadurch. Ein solcher Einwand versteht aber nicht, was Jesus hier sagen will und was sonst konsequent im Neuen Testament gelehrt wird. Eine der Konsequenzen der Veränderung, die er in unserem Leben bewirkt, ist die Art, wie wir uns nun mit seinem Volk identifizieren. Ja, unsere Rechtfertigung vor Gott geschah wirklich nur durch Gnade und wurde allein durch persönlichen Glauben empfangen. Unsere Rettung ist von Anfang bis Ende ganz allein das Werk Gottes.

Aber diese uns rechtfertigende Gnade ist nicht nur eine theoretische Übung auf dem Papier, eine himmlische Amnestie, die auf andere Lebensbereiche keine praktischen Auswirkungen hätte. Die Rechtfertigung wird uns durch den Heiligen

Geist vermittelt, und der wohnt dann in uns und arbeitet weiter in uns. Das ist eine geistliche Wirklichkeit, die in einem veränderten Leben, in verwandelten Perspektiven und neuen Motiven sichtbar wird. Und ein Aspekt von all dem wird eine neue Haltung zu anderen Christen sein, weil die jetzt unsere Brüder und Schwestern in Christus sind. Natürlich sollen Christen alle Menschen lieben, aber die Liebe, die wir zu unseren Mitchristen haben, ist ein ganz besonderes Zeugnis, ja, *ein Beweis* für unseren Glauben an Christus. Und um solch einen Beweis für Glauben geht es wesentlich in diesem Gleichnis Jesu, weil es das Endgericht beschreibt.

Ein Beispiel für diese Veränderung sehen wir in dem Bericht über den Gefängniswärter von Philippi in Apostelgeschichte 16. Paulus und Silas befinden sich im Gefängnis, weil ihr Zeugnis vom Evangelium gegenüber einer von Dämonen besessenen jungen Sklavin deren Besitzer verärgert hatte. Die hatten dann dafür gesorgt, dass Paulus und Silas verhaftet, geschlagen und angeklagt wurden. Ein plötzliches Erdbeben lässt die Gefängnistüren aufspringen und die Ketten der Gefangenen von den Wänden reißen. Die erste Sorge des Wärters ist, die Insassen könnten die Gelegenheit zur Flucht genutzt haben. Das hätte dem Wärter Schande und möglicherweise sogar die Hinrichtung gebracht. Als Paulus und Silas ihn jedoch beruhigen, versetzt ihn das in Staunen. Der Bericht ist sehr knapp, aber offensichtlich erklären Paulus und Silas ihm das Evangelium und er nimmt es an.

Bitte achten Sie aber darauf, was jetzt als nächstes passiert: „Der Gefängnisaufseher kümmerte sich noch in derselben Stunde, mitten in der Nacht, um Paulus und Silas und wusch ihnen das Blut von den Striemen ab… Anschließend führte er die beiden in sein Haus hinauf und ließ eine Mahlzeit für sie zubereiten. Er war überglücklich, dass er mit seinem ganzen

Haus zum Glauben an Gott gefunden hatte“ (Apostelgeschichte 16,33–34).

Bis zu diesem Zeitpunkt waren Paulus und Silas nur zwei Gefangene in seinem Gewahrsam gewesen. Nun waren sie seine Brüder in Christus! Die Fürsorge und das Mitgefühl, das der Gefängnisaufseher nun seinen Mitchristen erweist, ist ein Beweis für seinen neu gefundenen Glauben an Jesus.

Aus diesem Grund wird im Neuen Testament so häufig auf die Liebe, die Christen füreinander haben sollten, Bezug genommen. Paulus fasst dieses Prinzip in seinem Brief an die Galater für uns zusammen: „Solange wir also noch Gelegenheit dazu haben, wollen wir allen Menschen Gutes tun, ganz *besonders denen, die wie wir durch den Glauben zur Familie Gottes gehören*“ (Galater 6,10, Hervorhebungen vom Verfasser).

Der durchhaltende Glaube jener neuen Christen in Thessaloniki erweckte im Apostel Paulus große Freude. Gleichzeitig jedoch ermutigte das, wie wir gesehen haben, den Apostel inmitten seiner eigenen Bedrängnisse.

Das gleiche kann heute für Sie und für mich zur Wirklichkeit werden. Das Zeugnis von Christen in anderen Teilen der Welt, die Jesus angesichts von Feindschaft und Hass treu bleiben, kann eine Quelle echter Freude und tiefer Ermutigung für uns sein. Dem Leib Christi Liebe zu erweisen, bringt Segen. Genauso ist aber unser Einsatz nach unseren Möglichkeiten für unsere leidenden Mitchristen und unsere Liebe für sie eine Quelle von Trost und Ermutigung für die verfolgten Christen. So erleben wir zusammen ein tieferes Maß davon, was es bedeutet, *eine* Kirche, nämlich der Leib Christi, zu sein.

UNSERE ANTWORT

- Lesen Sie 1. Thessalonicher 2,13–3,5. Wie reagiert der Apostel Paulus auf die möglichen Auswirkungen von Verfolgung auf andere Christen? Was könnten Sie heute tun?

- „Wenn *ein* Teil des Körpers leidet, leiden alle anderen mit“, schreibt der Apostel Paulus über den Leib Christi (1. Korinther 12,26). Wie sollte dieses Prinzip unsere Haltung zur Verfolgung anderer Christen prägen?

- Wir lernen von Verfolgung – nicht indem wir uns danach ausstrecken, sie zu erleiden, aber als der Leib Christi. Was kann das konkret für Sie und für die Gemeinde, zu der Sie gehören, bedeuten?

KAPITEL 5

UNS AUF DAS EWIGE AUSRICHTEN

Man hat schon gesagt, dass ein Leben ohne „Hoffnung“ schnell elend und sogar unerträglich werde. Menschen brauchen etwas, auf das sie hinleben.

Für manche mag der nächste spannende Termin auf ihrem sozialen Kalender so etwas sein. Für andere bedeutet Hoffnung vielleicht, einfach zu überleben oder durch eine Arbeitswoche durchzukommen, um dann Spaß am Wochenende zu haben. Wer ein bisschen weiter vorausschaut, hofft auf gutes Wetter für den Urlaub oder darauf, dass die eigenen Kinder vorankommen oder darauf, dass die Lieblingsmannschaft die Fußballmeisterschaft gewinnt.

Was haben all diese Hoffnungen gemeinsam? Zum Ersten ist keine von ihnen sicher. Je nachdem, wie eng man den Begriff „Hoffnung“ definiert, könnte man auch alle genannten Beispiele als Wunschdenken einordnen. Wenn Sie Ihren Urlaub an einem Ort gebucht haben, der für viel Sonnenschein bekannt ist, besteht eine erhöhte Chance, dass sich die Hoffnung verwirklicht. Wenn man andererseits eine Fußballmannschaft unterstützt, die während der letzten drei Spielzeiten jeweils nur knapp den Abstieg vermieden hat, dann mag Ihre Hoffnung sehr gefährdet sein.

Zweitens jedoch sind aus christlicher Sicht alle genannten Hoffnungen irdisch, das heißt, sie richten sich auf Dinge in diesem Leben. Selbst viele Hoffnungen speziell von Christen können in gewisser Weise und zumindest anfänglich auch nur auf dieses Leben bezogen sein. „Ich hoffe wirklich, dass mein Bruder am Samstag zu dem evangelistischen Abendessen kommt." „Ich hoffe wirklich, dass der neue Pastor jemand ist, der biblische Lehre ernst nimmt." „Ich hoffe wirklich, dass meine Freundin merkt, dass das, was sie tut, sie vom Herrn wegtreibt."

An sich ist keine der Hoffnungen, die wir zitiert haben, falsch. Die speziell christlichen sind sogar sehr geistlich und lobenswert. Aber keine von ihnen bezieht sich direkt auf „die Hoffnung", über die das Neue Testament in der Regel spricht; die Hoffnung, die mehr als alles andere Motivation für unser Leben sein sollte, nämlich die Hoffnung auf ewiges Leben in der herrlichen Gegenwart Gottes.

Unsere Augen auf *diese* Hoffnung zu richten, ist nicht leicht. Teil des Problems ist, dass alles, was wir bisher wirklich gesehen und erlebt haben, eben dieses irdische Leben ist. Wir leben in dieser Welt, einer Welt voll von Terminen, Tagen, Wochen und Jahren, geprägt von Geburt, Heirat und Tod, Gesundheit und Krankheit, Glücksgefühlen und Traurigkeit, Arbeit und Ruhe und immer wieder Arbeit. Das Problem, von dem ich hier rede, ist aber wohl für Christen, die im Westen leben, größer – weil *dieses Leben* uns so viel bietet und daher so viel unserer Zeit und unserer Gedanken in Anspruch nimmt. Wir haben alle schon diese Philosophie für den Hausgebrauch gehört: „Je mehr er hat, je mehr er will." Und im Vergleich zu anderen haben viele von uns im Westen sehr viel.

Ich habe schon den Gedanken gehört, dass Christen im Westen ehrfürchtig daran denken, wie schwer es sein muss, in Verfolgung treu zu leben. Ihre Brüder und Schwestern in anderen Teilen der Welt seien dagegen ebenso erstaunt darüber, dass man inmitten von so viel Weltlichkeit und Luxus treu bleiben könne. Es trifft zu, dass beide Kontexte herausfordernd sind und uns daher die Gelegenheit bieten, in Glauben und Nachfolge zu lernen und zu wachsen.

Und damit kommen wir zu der fünften und letzten Weise, wie die Auseinandersetzung mit Verfolgung denen von uns ein Segen sein kann, die versuchen, Christus im Westen nachzufolgen. Wenn wir uns für Christen interessieren, die für ihren Herrn leiden in Umständen, die wir uns kaum vorstellen können; wenn wir ihnen begegnen und zur Seite stehen, dann können ihr Leben und ihr Glauben eine weltliche Sicht von Hoffnung in Frage stellen und uns helfen, unsere Augen auf das Ewige zu richten.

Verfolgung vergrößert die Hoffnung

„Im Übrigen meine ich, dass die Leiden der jetzigen Zeit nicht ins Gewicht fallen, wenn wir an die Herrlichkeit denken, die Gott bald sichtbar machen und an der er uns teilhaben lassen wird", schreibt Paulus in seinem Brief an die Römer (Römer 8,18). Am Beginn dieses Buches haben wir darauf hingewiesen, dass Paulus, als er diese Worte schreibt, wahrscheinlich in erster Linie an die Art von Leiden denkt, über die wir reden, nämlich solches Leiden, das auf uns zukommt, gerade *weil* wir Christen sind. Das wird durch den vorangegangenen

Vers nahegelegt, in dem Paulus schreibt, die Christen seien „Erben Gottes und Miterben mit Christus. Dazu gehört allerdings, dass wir jetzt mit ihm leiden; dann werden wir auch an seiner Herrlichkeit teilhaben" (Römer 8,17).

„Mit Christus leiden" bedeutet nicht, dass wir irgendwie mit ihm die Last der Versöhnung für die Sünden der Welt teilen. An so etwas zu denken, ist der neutestamentlichen Lehre über das Heil total fremd. Gott, der Herr, hat die Sünden seines Volks auf Christus allein gelegt – und dieses Werk ist getan, und zwar vollständig. Vielmehr bezieht sich „Leiden mit Christus" auf unsere „Einheit mit Christus", ein Schlüsselkonzept im Denken und der Theologie des Apostels Paulus. Durch Glauben werden wir geistlich mit Christus vereinigt. Dazu gehört, dass wir mit ihm in seinem Tod und seiner Auferstehung vereinigt sind, denn wir erleben den Nutzen *seines* Todes und *seiner* Auferstehung. „Denn ihr seid dieser Welt gegenüber gestorben, und euer neues Leben ist ein Leben mit Christus in der Gegenwart Gottes. Jetzt ist dieses Leben den Blicken der Menschen verborgen; doch wenn Christus, euer Leben, in seiner Herrlichkeit erscheint, wird sichtbar werden, dass ihr an seiner Herrlichkeit teilhabt" – dessen vergewissert Paulus die Christen in Kolossä (Kolosser 3,3–4). Achten Sie auf die Perspektive und die Zeitformen hier: In gewisser Weise sind die Christen *bereits* gestorben.

Paulus entfaltet dieses Thema mit dem Ziel, eine übliche Kritik am Evangelium abzuwehren. Diese Kritik wird ungefähr so formuliert: Wenn wir durch Glauben allein gerettet werden, heißt das nicht, dass wir einfach so leben können, wie wir wollen, und so viel sündigen können, wie wir wollen, solange wir „glauben"? Nein, sagt Paulus dazu, denn allein durch Gnade gerechtfertigt zu sein, heißt geistlich *vereinigt* zu sein mit Jesus Christus, der nun unser Herr ist. Selbst wenn leider auch Christen sündigen, bleibt es eine Tatsache, dass sie das in der Tiefe ihres erneuerten geistlichen Seins eigentlich nicht mehr wollen. Das bedeutet natürlich, dass sich in ihrem Leben ein Kampf abspielt zwischen ihrem sündigen Wesen und ihrem erneuerten Leben, dass nicht in ihnen war, bevor sie zum Glauben kamen (vgl. als Beispiele für diese Art der Argumentation Römer 6–7 und Galater 2,15–21). Falls also Christen sündigen, dann sollte das in ihnen einen gottgegebenen Schmerz erzeugen, der zur Buße führt (vgl. auch 2. Korinther 7,8–10).

Bei anderen Gelegenheiten nutzt Paulus dieses Konzept der Vereinigung mit Christus in Bezug auf unser Leiden für Jesus. Er beschreibt es als ein Leiden *mit* Christus oder eine Teilhabe an den Leiden Christi (vgl. 2. Korinther 1,5; Philipper 3,10). Wenn wir das vor Augen haben, hilft uns das, einen neutestamentlichen Vers zu verstehen, den viele Christen als rätselhaft empfinden. In seinem Brief an die Kolosser schreibt Paulus: „Nun freue ich mich in den Leiden, die ich für euch leide, und erfülle durch mein Fleisch, was an den Leiden Christi noch fehlt, für seinen Leib, das ist die Gemeinde" (Kolosser 1,24; *Luther*).

Der allgemeine Sinn dieses Verses ist klar. Paulus denkt über die Tatsache nach, dass sein Leiden für die Sache des Evangeliums geschah und dass es sich als zum Nutzen der Kirche erwiesen hat. Es ist klar, dass Paulus dabei nicht an das allgemeine Leiden denkt, das jeder durchmacht, der in der gefallenen Welt lebt. Er redet vielmehr über das *christliche* Leiden für das Evangelium Christi. Und er kann sich darüber freuen, weil er das Gute sieht, das daraus entsteht. Das Problem in diesem Vers liegt in dem Halbsatz: „was an den Leiden Christi noch fehlt". Wir sollten keinen Moment zu der Folgerung kommen, dass *das versöhnende Opfer* Christi irgendwie mangelhaft gewesen sei oder dass wir irgendwas hinzufügen müssten. Aber Christus erlitt ja die Feindschaft einer Welt, die gegen Gott rebelliert. Und genauso sollte es, wie Jesus selbst angekündigt hatte (Johannes 15,18–21), seinem Volk gehen. Unser Erleben von Feindschaft geschieht in geistlicher Einheit mit Christus, und in diesem Sinn füllen wir durch unser Leiden für das Evangelium das auf, was letztlich die „Gesamtquote" dieses Leidens sein wird. Dieses Leiden des Leibes Christi wird dauern bis zur Rückkehr Christi in Herrlichkeit und Triumph.

Auch in Römer 8 spricht Paulus dann über unsere Leiden mit Christus, nämlich die Verfolgung und die Leiden, die Christen aufgrund ihres Glaubens an Jesus und ihrer Einheit mit ihm erleben. Paulus erklärt, dass diese Leiden „nicht ins Gewicht fallen, wenn wir an die Herrlichkeit denken, die Gott bald sichtbar machen und an der er uns teilhaben lassen wird" (Römer 8,18).

Das bagatellisiert in keiner Weise die Leiden, die die Nachfolger Christi für ihren Glauben durchmachen. Wer Gebetsinformationen von Missionsgesellschaften liest oder das Vorrecht hatte, Teile der Welt zu besuchen, wo Christen für ihren Glauben leiden, der wird ohne Zweifel von dem, was er da erfahren hat, tief bewegt sein.

Ich habe einen Pastor aus dem nigerianischen Bundesstaat Plateau getroffen, dessen Frau, sechs seiner Kinder und mehr als 60 Glieder seiner Gemeinde bei einem Angriff militanter Islamisten abgeschlachtet worden waren. Ich bin einem indischen Pastor begegnet, dessen Sohn im Teenageralter erstochen worden war und dessen Tochter von hinduistischen Fundamentalisten entführt und nie wieder gefunden worden war. Beide Angriffe waren Reaktionen auf den evangelistischen Dienst der Pastoren gewesen. Es wäre ungeheuerlich, diese Geschichten leicht zu nehmen oder das Ausmaß an menschlichem Leiden dabei zu übersehen.

Aber das gegenwärtige Leiden der Kirche Christi weist uns hin auf die Hoffnung, die wir haben. Verfolgung für Christus und das Evangelium schärft den Blick auf die durch das Evangelium vermittelte Hoffnung, die uns heute ermutigt und tröstet.

„Ist Gott für uns, wer kann wider uns sein?", fragt Paulus später im gleichen Kapitel (Römer 8,31; *Luther*). Wäre unser Blickwinkel oder unsere Hoffnung nur auf dieses Leben ausgerichtet, könnten wir versucht sein, wehmütig zu antworten: „Na ja, es scheint, als könnte eine ganze Menge gegen uns sein!" Wenn aber die Frage des Paulus die Antwort „nichts" oder „niemand" nahelegt – und das tut sie sicherlich –, dann kann man das nur im Licht der Ewigkeit verstehen. Versuchung, Bedrängnis und Verfolgung sind zwar jetzt zweifelsohne schmerzhafte Erlebnisse. Aber sie trennen uns nicht von der ewigen Liebe Christi (Römer 8,35). Wenn wir uns an diese Wahrheit erinnern, dann vergrößert Verfolgung die Hoffnung, denn sie schärft den Blick auf die Verheißung der Ewigkeit mit Christus.

Darauf kommt es Paulus sicher in Römer 8,18 an. Er nimmt die Leiden derer, die für das Evangelium verfolgt werden, sehr ernst. Aber er ermutigt sie und uns, unsere geistlichen Augen über die Dinge dieses Lebens hinaus zu erheben und auf die gewisse Hoffnung zu sehen, die wir darin haben, in dem zukünftigen herrlichen Zeitalter unsere volle Erlösung zu erleben und uns an ihr zu freuen.

Wer irgendwo auf der Welt im Schmelztiegel heftiger Verfolgung lebt, braucht diese seelsorgerliche Fürsorge auch heute. Diese Christen brauchen Ermutigung und die Erinnerung an die ewige Perspektive der Hoffnung. Als Einzelne und ganze Gemeinden können wir zu dieser seelsorgerlichen Fürsorge beitragen, indem wir Werke unterstützen, die denen zur Seite treten, die für Christus und das Evangelium gelitten haben oder noch leiden.

Aber müssen wir als Christen im Westen nicht genauso an diese Blickrichtung erinnert werden? Wenn wir uns zu sehr auf die Dinge dieses Lebens konzentrieren und vor allem hinter den Segnungen dieses Lebens her sind, werden wir dann nicht in die von der Welt vorgegebene Form hineingezwängt? Wenn der durchdringende Einfluss der Weltlichkeit unser Bewusstsein für Gottes Reich betäubt, müssen wir dann nicht unseren geistlichen Blick nach oben richten?

Wir haben schon angemerkt, dass manche Christen nicht über die Verfolgung von Brüdern und Schwestern weltweit nachdenken wollen. Manche gestehen das offen ein. Wenn wir uns jedoch auf der Grundlage der Bibel mit diesem Thema beschäftigen, ist das ein Segen für uns. Dann werden wir nämlich durch die Lektionen in diesem und den vorangegangenen Kapiteln geleitet. Dann werden wir daran erinnert, dass unsere wahre Hoffnung nicht auf dieses Leben gerichtet ist, sondern auf das Leben der zukünftigen Welt. Und diese Hoffnung wird uns ganz sicher nicht enttäuschen.

Hoffnung verleiht der Verfolgung einen Sinn

Wir können die Sache auch genau andersherum betrachten. Wir hatten gesagt, dass die Wirklichkeit und der Schmerz von Verfolgung unseren Blick für die Größe der ewigen Hoffnung schärfen. Es trifft aber genauso zu, dass das tiefe und verstehende Nachdenken über unsere ewige Hoffnung der gegenwärtigen Erfahrung von Verfolgung einen Sinn verleiht.

Nach dem Neuen Testament ist es die Auferstehung unseres Herrn Jesus Christus, die unsere Sicht auf das Leben umformt.

Gott in seiner Barmherzigkeit hat uns „wiedergeboren … zu einer lebendigen Hoffnung durch die Auferstehung Jesu Christi von den Toten." So erklärt der Apostel Petrus (1. Petrus 1,3; *Luther*). Der Apostel Paulus formuliert das in seinem großartigen Kapitel über die Auferstehung so: „Und wenn Christus nicht auferstanden ist, ist euer Glaube eine Illusion; die Schuld, die ihr durch eure Sünden auf euch geladen habt, liegt dann immer noch auf euch. Und auch die, die im Glauben an Christus gestorben sind, sind dann verloren. Wenn die Hoffnung, die Christus uns gegeben hat, nicht über das Leben in der jetzigen Welt hinausreicht, sind wir bedauernswerter als alle anderen Menschen" (1. Korinther 15,17–19).

Wenn Christus *nicht* auferweckt wurde und uns demnach *nicht* eine Perspektive vermittelt hat, die über dieses Leben hinaus in das Zeitalter der Ewigkeit schaut, dann gilt, was Paulus in 1. Korinther 15,32 sagt: „Kommt, wir essen und trinken, denn morgen sind wir tot!" Aber weil Christus auferstanden *ist* und weil wir dadurch eine Perspektive *haben*, die über die Dinge dieses Lebens hinaus reicht, kann Paulus das Kapitel mit dieser Erklärung beschließen: „Haltet daher unbeirrt am Glauben fest, meine lieben Geschwister, und lasst euch durch nichts vom richtigen Weg abbringen. Setzt euch unaufhörlich und mit ganzer Kraft für die Sache des Herrn ein! Ihr wisst ja, dass das, was ihr für den Herrn tut, nicht vergeblich ist" (1. Korinther 15,58).

Wenn Sie sich Zeit nehmen, über den letzten Satz nachzudenken, werden Sie entdecken, was für eine Gewissheit da vermittelt wird. Mit dem kurzsichtigen Blick auf dieses Leben könnten wir versucht sein zu denken, dass es tatsächlich manchmal vergeblich war, sich für einen bestimmten Dienst am Evangelium einzusetzen. Auf der persönlichen Ebene hat vielleicht Ihre von Gebet begleitete Entschlossenheit, mit einem Nachbarn über das Evangelium zu reden, nichts als totale Gleichgültigkeit ans Licht gebracht. Eine evangelistische Veranstaltung in der eigenen Kirchengemeinde hat scheinbar wenig oder gar keine Frucht hervorgebracht – und das trotz viel Gebet, Planung und harter Arbeit. Wenn wir weiter in die Ferne schauen, haben wir vielleicht von einem Evangelisten oder Pastor gehört, der den Märtyrertod starb. Das Kirchengebäude wurde niedergebrannt und – was noch schlimmer ist – nach dem Wiederaufbau erneut niedergebrannt. Bibeln oder andere christliche Materialien wurden beschlagnahmt oder von Feinden des Evangeliums vernichtet. Kurzfristig kann man leicht entmutigt werden und zu dem Schluss kommen, dass eine von Gebet begleitete Arbeit letztlich eine Verschwendung von Zeit und Mühe war. Aber die Hoffnung des Neuen Testaments, die durch die Auferstehung Christi entstand, lehrt uns, die Dinge mit anderen Augen zu sehen.

„Eines aber wissen wir: Alles trägt zum Besten derer bei, die Gott lieben“ (Römer 8,28), schreibt der Apostel Paulus. Das ist ein Vers, an den viele Christen zu Recht fröhlich glauben. Sicher gab es Zeiten im Leben, als wir uns gerade noch so an dieser Verheißung festklammern konnten, weil die Wunden des Lebens uns niedergedrückt haben. Wenn jedoch Paulus, wie wir weiter oben zu Römer 8 bemerkt haben, in erster Linie an das Ergebnis von Leiden für Christus denkt, dann haben wir möglicherweise noch nicht einmal verstanden, was denn das „Beste“ sei, wenigstens nicht in Bezug auf dieses Leben.

Es ist gut, vieles zurückschauend besser zu verstehen; aber für manche Christen wird diese Rückschau erst möglich sein, wenn sie in ihr ewiges Erbe eingehen.

Jesus Christus war bereit zu leiden, um der Menschheit die Errettung zu vermitteln. Aber wir wissen, dass er nicht im Tod blieb. Sein Tod hat eine einzigartige Bedeutung, und diese

Bedeutung wurde der Welt durch seine Auferstehung bewiesen und verkündigt. Wenn wir ihm nachfolgen, beruft Christus uns als sein Volk dazu, für ihn ein Kreuz auf uns zu nehmen und bereitwillig für ihn zu leiden. Die Bedeutung, der Wert und die Rechtfertigung dieses Leidens werden erst im Licht des letztgültigen Sieges erkannt werden, den wir in Christus haben. Erst die Hoffnung auf diesen letztgültigen Sieg verleiht der Verfolgung, die das Volk Christi gegenwärtig für ihn und das Evangelium erleidet, einen Sinn.

Mehrmals in diesem Buch beziehen wir uns auf den 2. Korintherbrief und das, was er uns über das Leben mit Schwachheiten lehrt. Im vierten Kapitel dieses Briefes bezieht sich Paulus auf die gegenwärtigen Bedrängnisse und die Verfolgung um des Evangeliums willen, um dann seine Leser zu erinnern: „Der, der Jesus, den Herrn, von den Toten auferweckt hat, wird auch uns auferwecken – wir sind ja mit Jesus verbunden – und wird uns dann zusammen mit euch vor sich treten lassen" (2. Korinther 4,14). Diese Hoffnung motiviert Paulus auch angesichts von Widerstand und Feindschaft, weiter das Evangelium zu verkündigen. Im vorangegangenen Vers macht Paulus sich eins mit dem Autor von Psalm 116, der dadurch Glauben zeigte, dass er das Nötige aussprach, auch wenn er in großen Schwierigkeiten war (vgl. Psalm 116,10, den Paulus in 2. Korinther 4,13 zitiert). In diesem Licht kann Paulus dann hinzufügen: „Das sind also die Gründe, weshalb wir uns nicht entmutigen lassen. Mögen auch die Kräfte unseres äußeren Menschen aufgerieben werden – unser innerer Mensch wird Tag für Tag erneuert. Denn die Nöte, die wir jetzt durchmachen, sind nur eine kleine Last und gehen bald vorüber, und sie bringen uns etwas, was von unvergleichlich viel größerem Gewicht ist: eine unvorstellbare und alles überragende Herrlichkeit, die nie vergeht" (2. Korinther 4,16–17). „Nöte" ist ein Wort, das Paulus an mehreren

Stellen des 2. Korintherbriefs benutzt. Und ich möchte noch mal betonen, dass er damit die Erfahrung dessen beschreibt, der das Wort Gottes weitergibt und dabei den Widerstand der Welt gegen das Evangelium erlebt.

Wenn Sie von oben, also etwa von einem Fenster im Obergeschoss auf ein Labyrinth im Garten hinunterschauen können, dann haben Sie eine Perspektive auf all die Drehungen und Wendungen und Sackgassen, die jemand, der gerade im Labyrinth versucht, den richtigen Weg zu finden, nicht hat. Wir können nicht schnell mal in die Ewigkeit gehen, um von dort auf unser Leben herabzuschauen; aber wir können jetzt schon der Offenbarung Gottes in der Heiligen Schrift erlauben, uns mit einer ähnlichen Perspektive auszurüsten. Wenn wir tief über unsere ewige Hoffnung nachdenken, dann können wir einen Sinn entdecken in der gegenwärtigen Verfolgung von Christen.

Psalm 73 ist ein Anschauungsbeispiel für dieses Prinzip, auch wenn es dort nicht um Verfolgung geht, sondern um den offensichtlichen Wohlstand und das bequeme Leben böser Menschen.

Der Psalmdichter Asaph erzählt uns, was er empfand, als er die Welt durch rein menschliche Augen beobachtete: „Denn ich beneidete die Überheblichen; es machte mir zu schaffen, als ich sah, wie gut es den Gottlosen geht" (Psalm 73,3). Durch die erste Hälfte des Psalms hindurch behält er diese Perspektive bei. In den Versen 16 und 17 kommt jedoch ein Wendepunkt: „So dachte ich nach, um all dies zu begreifen, doch es war zu schwer für mich – so lange, bis ich endlich in Gottes Heiligtum ging. Dort begriff ich, welches Ende auf jene Menschen wartet". Unter dem Alten Bund stand das „Heiligtum", also der Tempel, für die Gegenwart Gottes. Es war der Ort der Versöhnung mit Gott. Wir könnten also im übertragenen Sinne sagen: Asaph wendet sich zu Gott und zu dem Ort, an dem Gott sich offenbart hat und uns mit sich versöhnt hat. Für uns heute bedeutet das, dass wir zu Christus kommen, wie er uns in der Heiligen Schrift dargestellt wird.

Die zweite Hälfte des Psalms ist dann das Zeugnis eines erneuerten Glaubens. Die Umstände haben sich nicht verändert, und die, auf die Asaph versucht war mit Neid zu blicken, leben wahrscheinlich weiter in Saus und Braus. Mit den Augen des Glaubens sieht er nun jedoch die ganzen Zusammenhänge. Merken Sie, wie anders er jetzt betet: „Wen habe ich im Himmel außer dir? Und auch auf der Erde habe ich nach nichts Verlangen, wenn ich nur dich bei mir weiß! Wenn auch meine Kräfte schwinden und mein Körper mehr und mehr verfällt, so gibt doch Gott meiner Seele Halt. Er ist alles, was ich brauche – und das für immer! Ganz sicher: Wer sich von dir lossagt, der wird umkommen. Du vernichtest alle, die dir treulos den Rücken kehren" (Psalm 73,25–27).

Wir sollten tief nachdenken über die großen Themen der Bibel: über das Werk Christi am Kreuz, über die Hoffnung auf die Auferstehung, über Gottes große Pläne und Absichten, über seine Gerechtigkeit, sein Gericht und sein Rettungshandeln! Das kann uns helfen, in dem gegenwärtigen schmerzvollen Leiden des Volkes Christi aufgrund der Feindschaft der Welt gegen Christus einen Sinn zu sehen.

Verfolgung, Hoffnung und Freude

„Hoffnung" ist das, was wir für die Zukunft erwarten, sei diese Zukunft auch nur *einen* Tag entfernt. „Freude" hingegen ist ein Gefühl der Gegenwart. Für Christen sind diese beiden Elemente allerdings untrennbar miteinander verbunden. Zwar können die Dinge dieses Lebens uns ein erhebliches Maß an Freude, an Glück und Lachen, ein Gefühl der Befriedigung, ja, sogar persönliche Erfüllung vermitteln, aber letztlich liegen Ziel und Sinn für uns jenseits dieses Lebens.

Paradoxerweise ist *christliche* Freude am anschaulichsten und stärksten oft im Leben derer zu sehen, denen dieses Leben wenig Befriedigung, Erfolg oder Erfüllung gibt – wenigstens nicht in dem Sinne, wie diese Begriffe üblicherweise verstanden werden. So lesen wir zum Beispiel die Biografie eines christlichen Missionars, der seine vielversprechende Karriere aufgibt, um in Slums auf der anderen Seite der Welt zu arbeiten. Oder wir werden Zeugen des Glaubens und der offensichtlichen inneren Stärke einer Christin, die eine Katastrophe nach der anderen durchlebt hat. Im Leben verfolgter Christen sehen wir oft diese christliche Freude in Großbuchstaben und wunderbaren Farben.

Bei einem Besuch in Nigeria nahm ich an einer Gedächtnisfeier teil in einer Kirche, in der ein Jahr zuvor ein islamistischer Selbstmordattentäter Verwüstung angerichtet hatte. Dieser besondere Anlass brachte zweifellos bei allen Anwesenden schmerzhafte Erinnerungen hoch. Dennoch war beim Singen und bei den Grußworten von der Bühne eine unverkennbar christliche Freude vorherrschend. Diese Freude war gegründet in der unerschütterlichen Hoffnung, die jeder Christ im Evangelium und durch es besitzt.

Bei einer anderen Gelegenheit traf ich eine Gruppe iranischer Christen, die an einer Konferenz zur Ausbildung von Leitern teilnahm, die in einem anderen Land veranstaltet wurde. Während ich dort war, sprachen viele über die bedrückenden Maßnahmen in ihrem Heimatland, durch die die Bedrohung von Verhaftung ständig über ihnen schwebt. Und trotzdem waren unter diesen Christen eine Ausgelassenheit und tiefe geistliche Freude zu spüren.

Wir haben in diesem Buch immer wieder argumentiert, dass die Kirche im Westen gesegnet werde, wenn sie sich mit dem Thema Verfolgung auseinandersetzt. Dieses Thema ist nämlich im Neuen Testament von zentraler Bedeutung und dient dazu, unsere Nachfolge Christi zu läutern und weiterzuentwickeln. Die Freude, die wir unter verfolgten Gliedern des Volkes Gottes feststellen, ist nicht durch deren eigene Möglichkeiten oder Willensstärke entstanden oder erhalten worden, sondern durch die Gnade Gottes. Trotzdem müssen sowohl die, die inmitten von Verfolgung leben, als auch wir, die um sie besorgt sind, gelehrt werden, nach den Maßstäben der Bibel auf Verfolgung zu reagieren. Auch die neutestamentliche Kirche wurde darüber belehrt.

Der Brief, der diese Lehre besonders auf den Punkt bringt und dabei auch zeigt, in welchem Bezug zu Verfolgung Hoffnung und Freude stehen, ist der 1. Petrusbrief.

Petrus schreibt an christliche Gemeinden in Kleinasien, dem Gebiet der heutigen Türkei, die höchstwahrscheinlich sporadischen, lokal begrenzten Formen von Belästigung und Feindschaft ausgesetzt waren. Offizielle staatliche Unterdrückung gab es noch kaum. Das sollte aber später kommen. Das neue Leben in Christus hatte diese Menschen in ernsthaften Konflikt mit ihren heidnischen Freunden gebracht (1. Petrus 4,4). Üble Nachrede und Beleidigungen waren verbreitete Erfahrungen (1. Petrus 3,16; 4,14). Petrus schreibt seinen Brief, um die, die unter dieser Wolke von Verfolgung leben, zu ermutigen, und er ermutigt sie, indem er sie lehrt.

Hinter allem, was Petrus in diesem Brief schreibt, liegt die Perspektive, dass jetzt Leiden herrscht, dass aber einmal Herrlichkeit kommt. Das war genau der Weg, den Christus selbst bereitwillig einschlug. Die Messiaserwartungen der Juden des ersten Jahrhunderts drehten sich um Sieg und Herrlichkeit. Insbesondere verstand man darunter, dass der Messias sofort und physisch die Feinde Israels bezwingen würde. Jesus lehnte die volkstümliche Vorstellung vom Messias ab und lehrte, dass er als Messias gekommen sei, um abgelehnt und getötet zu werden. Eines Tages jedoch, wenn sein rettendes Werk für uns vollständig offenbart werden würde, würde es tatsächlich Herrlichkeit für den Messias geben.

Schon in Kapitel 1 dieses Buches haben wir festgestellt, dass Petrus gerade in dem Moment, als er Jesus als Messias anerkannte, sich weigerte, diesen besonderen Plan zu akzeptieren (Markus 8,27–38). Als er den 1. Petrusbrief schreibt, ist der Apostel jedoch ein veränderter Mann. Er war Zeuge der Kreuzigung und der Auferstehung des Herrn gewesen. Schon vorher hatte er das Versagen und die Scham erlebt, angesichts persönlicher Gefahr seinen Herrn zu verleugnen. Petrus hat aber auch die Vergebung und Wiederherstellung durch den auferstandenen Herrn Jesus erlebt. Außerdem war er der erste Apostel, der ohne Furcht verkündigte, dass das Leiden und der Tod Jesu eine zentrale Rolle in Gottes Plan für die Rettung der Menschen spielen (Apostelgeschichte 2).

Petrus redet seine Leser als „auserwählte Fremdlinge" (1. Petrus 1,1; *Luther*) an. Mit großer Wahrscheinlichkeit waren sie nicht wörtlich „Fremdlinge". Dieser Ausdruck fasst vielmehr das Paradox des Christseins zusammen: von Gott auserwählt – und daher in Sicherheit – und gleichzeitig auf dem Weg durch eine Welt, die nicht wirklich unsere Heimat ist. Als Menschen, die sich oft zu stark an die Dinge dieses Lebens klammern, müssen wir dieser Beschreibung erlauben, zuerst unser Denken und dann auch unser Verhalten zu formen.

„Hoffnung“ ist das erste Hauptthema des Briefes (1. Petrus 1,3–21 – Bezüge auf die Hoffnung in den Versen 3 und 21 sind wie eine Klammer dieses Abschnittes). Jeder Christ ist „wiedergeboren zu einer lebendigen Hoffnung durch die Auferstehung Jesu Christi von den Toten“ (1. Petrus 1,39). Dadurch haben wir ein himmlisches Erbe, das uns nicht weggenommen werden kann (1. Petrus 1,4). Bemerkenswerterweise erklärt Petrus dann: „Ihr habt also allen Grund, euch zu freuen und zu jubeln, auch wenn ihr jetzt nach Gottes Plan für eine kurze Zeit Prüfungen verschiedenster Art durchmachen müsst und manches Schwere erleidet“ (1. Petrus 1,6). Mit „Prüfungen“ bezeichnet Petrus wahrscheinlich in erster Linie den Widerstand gegen sie aufgrund ihres Christseins. Diese Prüfungen können die Echtheit unseres Glaubens prüfen.

Am Ende des Briefes fasst Petrus die Absicht seines Schreibens zusammen: „Ich habe euch diesen kurzen Brief geschrieben. Ich wollte euch Mut machen und euch bezeugen, dass gerade in dem, was ihr durchmacht, die wahre Gnade Gottes am Werk ist. Haltet an dieser Gnade fest!“ (1. Petrus 5,12). Christen leben in einer feindseligen Welt; denn diese Welt steht im Widerstand gegen den Herrn Jesus Christus und gegen Gottes Reich. Wir sind in diesem Buch schon wiederholt daran erinnert worden. In solch einem Umfeld braucht man die Gnade Gottes, und wir sollen unser Leben so führen, dass es ein treues Zeugnis für Christus ist. Das gilt besonders dann, wenn wir dem Hass und den Beleidigungen der Welt ausgesetzt sind. Wenn wir angesichts solcher Feindschaft aushalten, dann folgen wir den Fußstapfen von Jesus selbst: „…er, der keine Sünde beging und über dessen Lippen nie ein unwahres Wort kam; er, der nicht mit Beschimpfungen reagierte, als er beschimpft wurde, und nicht mit Vergeltung drohte, als er leiden musste, sondern seine Sache dem übergab, der ein gerechter Richter ist" (1. Petrus 2,22–23).

Petrus schreibt, weil er den Christen helfen will, treu in dieser feindlichen Welt zu leben. Die Christen sollen sich an das Wesen ihrer Hoffnung erinnern und als Konsequenz daraus ein heiliges Leben führen (1. Petrus 1,3–21). Sie sollen sich daran erinnern, dass sie jetzt zum Volk Gottes gezählt werden, dass sie „aufrichtig" lieben sollen (1. Petrus 1,22–2,10). Sie sollen sich in ihren verschiedenen Lebensbereichen ehrbar und respektvoll verhalten (1. Petrus 2,11–3,12). Sie sollen bereit sein, die Hoffnung, die sie haben, zu erklären – selbst wenn das Leiden bringt (1. Petrus 3,13–4,6). Und sie sollen weiter einander dienen zur Verherrlichung Gottes (1. Petrus 4,7–11).

Trotz der wiederholten Bezüge auf die Feindschaft der Welt legt Petrus den Christen jedoch nicht nahe, einfach gute Miene zum bösen Spiel zu machen.

„Liebe Freunde, wundert euch nicht über die Nöte, die wie ein Feuersturm über euch hereingebrochen sind und durch die euer Glaube auf die Probe gestellt wird; denkt nicht, dass euch damit etwas Ungewöhnliches zustößt. Freut euch vielmehr, dass ihr auf diese Weise an den Leiden teilhabt, die Christus durchmachen musste; denn dann werdet ihr, wenn er in seiner Herrlichkeit erscheint, erst recht von Freude und Jubel erfüllt sein. Ja, wenn ihr beschimpft werdet, weil ihr zu Christus gehört und nach seinem Namen genannt seid, seid ihr glücklich zu preisen; denn gerade dann ruht der Geist der Herrlichkeit, der Geist Gottes, auf euch" (1. Petrus 4,12–14).

Diese drei Verse führen uns, so glaube ich, zum Zentrum dessen, was Petrus darunter versteht, inmitten einer feindlichen Welt zu leben. Sie zeigen uns, wie Petrus die enge Verbindung von Verfolgung, Hoffnung und Freude wahrnahm. Diese Verse stellen alles grundlegend infrage, was nach oberflächlicher Christlichkeit riecht. Christen im Westen täten gut daran, über diese Verse ausgiebig nachzudenken.

Erstens sollen Christen nicht überrascht sein, wenn Verfolgung geschieht (1. Petrus 4,12). Leider sind wir aber oft gerade das. In Kapitel 2 haben wir die geistlichen Gründe untersucht, die hinter der Verfolgung von Nachfolgern Christi liegen. Wir müssen das hier nicht noch einmal behandeln. Wir sollten aber diesen Punkt wiederholen: Wenn wir die menschliche Natur und auch das Evangelium von der Bibel her verstehen, dann werden wir nicht überrascht sein, wenn Verfolgung geschieht. Hinter den gerade zitierten Worten von Petrus steht eindeutig die Lehre Jesu beim Abendmahl, und er möchte, dass seine Leser an dieser biblischen Weltsicht festhalten. Ebenso müssen wir Christen im Westen unbedingt Gemeinden von Gläubigen heranbilden, deren Weltsicht und deren Verständnis der Menschheit durch die Heilige Schrift geprägt ist und nicht durch die gerade vorherrschende Weisheit der Welt um uns her.

Die Empfänger des Petrusbriefes sollen allerdings diese Sicht von der Welt nicht mit einer Geisteshaltung düsterer Resignation verbinden. Der Apostel schreibt viel positiver und seelsorgerlicher darüber. Er beschreibt das Erlebnis heftiger Verfolgung als „Feuersturm", der auf die „Probe" stellt. Manche moderne Bibelübersetzungen lassen das Wort „Feuer" oder „feurig" aus und vernebeln dadurch leider die Bilder hinter den Worten des Petrus. Er gebraucht nämlich das Bild vom Läutern wertvoller Metalle.

Das Wort, das mit „Probe" übersetzt wurde, kann entweder negative oder positive Nebenbedeutungen haben. Der Journalist, der einen älteren Politiker mit einer Reihe kniffliger Fragen auf die „Probe" stellt, ist wahrscheinlich darauf aus, ihm ein

Bein zu stellen. Der Sportler, der das Spiel des Gegners auf die „Probe“ stellt, sucht nach einer Schwachstelle, die er ausnutzen kann. Petrus benutzt den Gedanken der „Probe“ jedoch in einem positiveren Sinn. Er hat die Güte und Gnade eines liebenden und allmächtigen Gottes im Blick. Diese Art von „Probe“ soll etwas Reineres hervorbringen, soll läutern.

Wir haben gesehen, dass Petrus das Bild von der „Probe“ oder der „Läuterung“ schon weiter vorne im Brief gebraucht. Im einleitenden Kapitel erinnert er die Leser an ihr himmlisches Erbe und schreibt dann: „Ihr habt also allen Grund, euch zu freuen und zu jubeln, auch wenn ihr jetzt nach Gottes Plan für eine kurze Zeit Prüfungen verschiedenster Art durchmachen müsst und manches Schwere erleidet. Denn diese Prüfungen geben euch Gelegenheit, euch in eurem Glauben zu bewähren. Genauso, wie das vergängliche Gold im Feuer des Schmelzofens gereinigt wird, muss auch euer Glaube, der ja unvergleichlich viel wertvoller ist, auf seine Echtheit geprüft werden. Und wenn dann Jesus Christus in seiner Herrlichkeit erscheint, wird eure Standhaftigkeit euch Lob, Ruhm und Ehre einbringen“ (1. Petrus 1, 6–7).

Gold kommt ins „Feuer der Läuterung“, um die Unreinheiten wegzubrennen und dadurch etwas von größerer Reinheit zu erzeugen. Sowohl in 1. Petrus 1 als auch in 1. Petrus 4,12 will Petrus zeigen, dass Gott das Leiden seiner Leute gebrauchen kann, um in ihnen einen größeren Glauben hervorzubringen. Wenn er in 1. Petrus 1,7 das Gold als „vergänglich“ bezeichnet, will er damit vermutlich zeigen, dass selbst das gereinigte Gold letztlich zu dieser Welt gehört und daher eines Tages vergehen wird. Im Gegensatz dazu bringt der Glaube Frucht, die auch im kommenden ewigen Zeitalter bleiben wird.

Das bedeutet nicht, dass bei einem Christen das Erleben von Verfolgung einfach abperlt wie Wasser vom Rücken der

Ente. Wir haben schon darauf hingewiesen, dass wir kein Recht haben, die intensive Realität des Leidens für Christus bei anderen kleinzureden. Gleichzeitig ist es aber eine wirklich Ermutigung, daran erinnert zu werden, dass Gottes gute Pläne weit höher sind als das gegenwärtige Leiden.

Zweitens sollten Christen sich darüber freuen, dass Verfolgung unsere ewige Hoffnung bestätigt (1. Petrus 4,13). Wenn Christen einfach deshalb leiden, weil sie Christen sind, zeigt das, dass sie zu Christus gehören. Sie haben an den Leiden Christi selbst teil. Wie schon gesagt, bedeutet das nicht, dass wir irgendetwas zu seinem Versöhnungswerk hinzufügen. Vielmehr haben wir durch die geistliche Einheit mit ihm teil an dem Leiden, das durch die verursacht wird, die Gott und seinem Reich widerstehen.

Die „Freude", von der Petrus in diesem Vers spricht, ist nicht eine Freude am Leiden an sich. Es geht auch nicht um Heldentum, wie wir es etwa bei dem Star eines Actionfilms sehen, der von ein paar Kugeln der Bösewichte getroffen wird, aber sich mutig und hartnäckig durch die feindlichen Linien kämpft, um dann seinen besten Freund zu retten. Gemeint ist auch nicht eine Haltung des Selbstmitleids, die Aufmerksamkeit auf sich selbst zieht und sicherstellt, dass jeder merkt, „wie hart das Leben ist".

„Freut euch vielmehr, dass ihr auf diese Weise an den Leiden teilhabt, die Christus durchmachen musste; denn dann werdet ihr, wenn er in seiner Herrlichkeit erscheint, erst recht von Freude und Jubel erfüllt sein" (1. Petrus 4,13). Sehen Sie, worauf Petrus die Betonung legt? Der Fokus liegt nicht auf dem Leiden an und für sich, sondern auf dem Wissen (wenn auch hervorgehoben und veranschaulicht durch das Leiden), dass wir mit Christus vereint sind. Das Erleben von Verfolgung aufgrund unseres Glaubens an Christus bestätigt, dass wir zu ihm gehören. Und dieses Wissen dient wiederum unserer Gewissheit in Bezug auf die Zukunft: „... denn dann werdet ihr, wenn er in seiner Herrlichkeit erscheint, erst recht von Freude und Jubel erfüllt sein". Auch wenn Petrus das hier nicht ausdrücklich ausspricht, so lautet doch die Schlussfolgerung am Ende des Verses: Weil ihr jetzt an Christi Leiden teilhabt, werdet ihr auch an der Herrlichkeit Christi teilhaben, wenn sie erscheint. Mit anderen Worten: Wenn Verfolgung dazu dient, uns an unsere Einheit mit Christus zu erinnern, dann erinnert sie uns auch an unsere himmlische Hoffnung.

Drittens kennen Christen mitten in Verfolgung den Segen von Gottes Gegenwart *jetzt*. Wie gesagt, ist die Hauptstoßrichtung von 1. Petrus 4,13 die Zukunft. Wir werden daran erinnert, dass wir eines Tages an der Herrlichkeit Christi teilhaben werden. In 1. Petrus 4,14 schaltet Petrus um auf die Gegenwart: „Ja, wenn ihr beschimpft werdet, weil ihr zu Christus gehört und nach seinem Namen genannt seid, seid ihr glücklich zu preisen; denn gerade dann ruht der Geist der Herrlichkeit, der Geist Gottes, auf euch."

Im Zusammenhang geht es ja um den „Feuersturm" des Leidens für Christus. Daher sollte die Verheißung, dass der Geist Gottes auf dem Gläubigen „ruht", natürlicherweise als ein Versprechen der Stärkung in der Stunde der Not genommen werden.

Der Gedanke, den Petrus hier zum Ausdruck bringt, ähnelt dem, was Jesus seinen Jüngern gesagt hat: „Wenn man euch vor Gericht stellt, dann macht euch keine Sorgen, wie ihr reden und was ihr sagen sollt. Denn wenn es so weit ist, wird euch eingegeben, was ihr sagen müsst. Nicht ihr seid es, die dann reden, sondern der Geist eures Vaters wird durch euch reden"

(Matthäus 10,19–20). Petrus fasst das etwas weiter und denkt nicht nur daran, dass der Geist uns in der Stunde der Verfolgung die rechten Worte gibt, sondern auch daran, dass er uns die Kraft zum Aushalten gibt.

Petrus spricht allerdings auch davon, dass der „Geist der *Herrlichkeit*" auf uns ruht. Unter dem Alten Bund ruhte die Herrlichkeit Gottes auf der Stiftshütte und erfüllte sie. Das war der Ort, an dem Gott sich mit seinem Volk traf und es mit ihm versöhnt wurde (2. Mose 40,34–35). Diese Funktion der Stiftshütte wurde in der Person und dem Werk Jesu erfüllt. Er versöhnte Mensch und Gott. Dass der Geist nun auf dem Messias ruhen würde, war etwa in Jesaja 11,2 angekündigt und in der Taufe Jesu erfüllt worden: Matthäus 3,16–17. Weil Jesus als der Ort, wo Gott wohnt, die Erfüllung all dessen ist, wofür Stiftshütte bzw. Tempel standen, wird dieser Segen nun auch auf die Nachfolger Christi ausgedehnt; auf die, die durch Glauben mit ihm vereint sind. Sowohl als Einzelne als auch als Gemeinschaft sind wir daher der „Tempel des Geistes" (vgl. zum Beispiel 1. Korinther 3,16; 6,19; Epheser 2,19–22), weil Jesus als erster der Tempel der Geistes ist. Im vorangegangenen Vers (1. Petrus 4,13) bezieht sich Petrus, wie wir gesehen haben, auf die zukünftige Erscheinung der Herrlichkeit Christi. Die Stärkung durch den Geist Gottes können wir *jetzt* erleben in und durch den Widerstand, den wir für Christus erleiden. Und diese Stärkung kann eine weitere Bestätigung dafür werden, dass wir Gott gehören und eines Tages an der ewigen Herrlichkeit Christi teilhaben werden.

Die Kirche Jesu Christi muss diese reichhaltige biblische und seelsorgerliche Ermutigung hören und daran festhalten. Das schließt aber auch uns ein, die gegenwärtig eine größere Freiheit für die Ausübung unseres Glaubens erleben. Was Petrus uns beizubringen versucht, ist grundlegend dafür, durch die Gnade Gottes fest zu stehen in einer Welt, die dem Herrn und dem Evangelium feindlich gegenübersteht.

Wenn wir außerdem im Westen bereit sind, uns tiefgehend mit dem Leben derer auseinanderzusetzen, die für das Evangelium leiden, dann werden wir entdecken, dass diese großen Verheißungen wahr sind, und wir heute auf sie gestützt leben können. Ich fand es in den vergangenen Jahren ungeheuer ermutigend, die Zeugnisse von Christen zu lesen, die angesichts von Widerstand so offensichtlich die Stärkung durch Gott erfahren haben. Ich erinnere mich an die Geschichte eines vietnamesischen Evangelisten, der mehrere Monate Einzelhaft und regelmäßige Schläge ausgehalten hatte. Obwohl er durch die ganze Schärfe der Justiz niedergedrückt wurde, lobte er weiter Gott für die Gelegenheiten, die eine lange Haftstrafe ihm bieten würde, das Evangelium an andere weiterzugeben. Seine Geschichte erinnerte mich an Paulus und Silas. Sie wurden in Philippi verhaftet und der Gefährdung der öffentlichen Ruhe angeklagt. Sie wurden geschlagen und eingekerkert. Doch dann saßen sie in Ketten in ihrer Zelle, beteten und sangen Gott Loblieder (Apostelgeschichte 16,20–25). So etwas kann durch den Geist Gottes geschehen, der auf seinen verfolgten Leuten ruht, sie stärkt und erhält.

Verfolgung, Hoffnung und das Wort Gottes

Diese Stärkung kommt, wie wir gerade in unseren Beobachtungen zum 1. Petrusbrief festgestellt haben, wenn Gottes Volk in den Lehren von Gottes Wort gegründet ist. Psalm 119 ist ein bewegendes Beispiel für einen Glauben und ein Gott hingegebenes Leben, die ihre Wurzeln in der Wahrheit des Wortes haben und daher für die Begegnung mit der Welt und ihrer Feindschaft gerüstet sind. Dieser Psalm ist mit 176 Versen der längste. Er ist außerdem ein sehr kunstvoll gestaltetes Werk. Der Autor hat den Psalm in 22 Abschnitte mit jeweils 8 Zeilen aufgeteilt. Jede Zeile jedes Abschnittes beginnt dann mit dem gleichen Buchstaben – entlang der 22 Buchstaben des hebräischen Alphabets. In einer Übersetzung geht diese Besonderheit verloren.

Die Beachtung des hebräischen Alphabets passt gut, weil ja der Psalm vor allem anderen eine ausgiebige Meditation über Gottes Wort ist; über die Freude, an das Wort zu glauben, ihm zu vertrauen und an ihm festzuhalten.

Das ist das Hauptthema des Psalms. Eine interessante Nebenhandlung, die durch den ganzen Psalm läuft, ist jedoch der Widerstand, dem der Autor offensichtlich wegen seines Glaubens und insbesondere wegen seiner Treue zu Gottes Wahrheit begegnet. In all dem und durch all das hindurch ist es dasselbe Wort der Wahrheit, das ihn hält. „Ganz gleich, ob Mächtige beieinander sitzen und sich gegen mich beraten – ich, dein Diener, sinne nach über deine Bestimmungen. An dem, was du bezeugst, habe ich große Freude, es ist der Ratgeber für mein Leben" (Psalm 119,23–24). Später schreibt er: „Dies ist mein Trost in allem Leid, dass dein Zuspruch mir neue Lebenskraft gegeben hat" (Psalm 119,50). Welche eine wunderbare Zusammenfassung eines Lebens, das durch die Gnade Gottes gelebt und durch das Wort Gottes gegründet wird.

Der Psalmist weiß, dass die, die ihn bedrängen, im Widerstand gegen die Pläne Gottes leben. „Menschen mit bösen Absichten kommen mir gefährlich nahe, von deinem Gesetz haben sie sich weit entfernt. Doch du bist nahe, Herr! Und auf alle deine Gebote ist Verlass" (Psalm 199, 150–151). Und wieder: „Sieh mein Elend an und rette mich, denn dein Gesetz vergesse ich nicht. Sorge für mein Recht und erlöse mich. Schenk mir neue Lebenskraft, so wie du es zugesagt hast. Für alle, die dich missachten, ist jede Rettung fern, denn sie fragen nicht nach deinen Bestimmungen“ (Psalm 119,153–155). Wenn die Welt Christen hasst, so hatten wir in Kapitel 2 gesehen, dann zeigt sie damit ihren Widerstand gegen Christus und ihre Unkenntnis Gottes.

An mehreren Stellen sehen wir, wie der Psalmist sich angesichts von Widerstand auf Gottes Wort stützt. „Mächtige verfolgen mich ohne jeden Grund, doch nur vor deinen Worten erzittert mein Herz. Ich freue mich über dein Wort wie jemand, der reiche Beute macht“ (Psalm 119,161–162), erklärt er. Dieser wirklich auf der Bibel gegründete Glauben hält an der Hoffnung auf die vom Herrn kommende Rettung fest.

Verfolgung durch eine Welt, die dem Evangelium feindlich gegenübersteht, kann durch die allmächtige Hand Gottes unsere Aufmerksamkeit auf das ewige Wesen unserer christlichen Hoffnung richten. Die Tatsache, dass wir in diesem Leben für das Evangelium leiden, macht es klarer, dass letztlich unsere Hoffnung in Christus nicht für dieses Leben ist, sondern für das Leben des zukünftigen Zeitalters. Gleichzeitig gilt: Je mehr wir dem Wort Gottes erlauben, den Ton bei uns anzugeben und unseren Blick aufs Leben zu formen, umso besser werden wir dafür ausgerüstet sein, mit der Wirklichkeit von Widerstand und Verfolgung um Christi willen in diesem Leben umzugehen.

Das gilt für alle, die momentan um ihres Glaubens willen inmitten von Unterdrückung und Gewalt leben. Es gilt aber auch für diejenigen von uns, die eine größere Freiheit haben, den Herrn Jesus anzubeten und ihm zu dienen. Wenn wir uns also der Fürsorge für unsere verfolgten Brüder und Schwestern widmen, uns einsetzen, um sie zu ermutigen, zu unterstützen und für sie zu beten, dann erheben wir damit unsere geistlichen Augen, um auf die sichere und gewisse Hoffnung zu blicken, die wir in Christus Jesus, unserem Herrn, haben.

Dabei mitzumachen, bedeutet, gesegnet und besser ausgerüstet zu werden, Gutes für Gott zu tun.

UNSERE ANTWORT

- Lesen Sie 1. Petrus 4,12–14. Wie sieht Petrus die Verbindung von Segen, Freude und Hoffnung mitten in Verfolgung?
- In welchem Ausmaß wird Ihr Leben durch die ewige Hoffnung, die wir als Christen haben, geformt und motiviert?
- Verfolgung um Christi und um des Evangeliums willen schärft den Blick für die Hoffnung, die gerade durch dieses Evangelium erweckt wurde. Inwieweit halten Sie diese Aussage für zutreffend?

ZUM SCHLUSS

DAS ENDE VOM ANFANG?

Verfolgung ist wirklich ein herausforderndes Thema. Als ein besonderer Aspekt von Leiden kann Verfolgung unseren Glauben an einen souveränen und gleichzeitig liebenden Gott infrage stellen. Zumindest stellt sie den relativen Komfort infrage, an den viele von uns in der westlichen Welt gewöhnt sind. Mit Sicherheit fordert sie uns heraus, darüber nachzudenken, wie wirklich und wie entschieden unsere Hingabe an Jesus Christus ist. Sie erinnert uns daran, dass wir in diesem Leben immer nur zerbrechliche Gefäße sind, gewöhnliche Behälter für das mächtige Evangelium Gottes.

Diese Herausforderung kann uns in unserer Ruhe stören. Verfolgung ist nicht etwas, das wir gerne erleben wollen. Als Christen im sogenannten „freien" Westen stand sie vermutlich nicht hoch oben auf der Tagesordnung unseres Lebens mit dem Herrn, wie lange wir auch schon seine Nachfolger sein mögen. Die Versuchung liegt daher nahe, das Thema Verfolgung irgendwo auf dem riesigen Feld christlicher Aktivitäten zu parken, für die wir uns hin und wieder interessieren. Wenn uns jemand direkt fragen würde, würden wir natürlich sagen, wir seien besorgt um unsere christlichen Brüder und Schwestern, die in anderen Gegenden der Welt für ihren Glauben leiden. Wie könnten wir auch nicht? Aber andererseits gibt es so viele drängende Nöte in unserer Welt, nicht wahr?

Verfolgung ist jedoch nicht einfach ein Thema unter vielen, für die wir uns engagieren könnten. Durch dieses Buch hindurch haben wir eine andere Sichtweise vertreten.

Wenn man erst einmal einen Blick dafür bekommt, dann ist es augenscheinlich, dass Verfolgung – also das Leiden für Christus, das vermieden werden könnte, wenn man keine sichtbare Verbindung zu Christus aufrecht erhielte – überall im Neuen Testament zu finden ist. Jesus warnte seine Jünger davor und die Apostel erlebten es selbst und schrieben darüber als einen grundlegenden Aspekt christlicher Nachfolge. Verfolgung kann eine Gefahr für den Glauben sein; aber ebenso kann sie durch die Gnade Gottes zur Läuterung und Vertiefung unseres Glaubens führen.

Die Lehre des Neuen Testaments zu den Themen Verfolgung und Leiden soll von der ganzen Kirche gehört werden. Wir hören sie nicht, indem wir die eigentliche Bedeutung der biblischen Texte verwässern oder allzu schnell den Bereich für ihre Anwendung verbreitern. Wir hören sie, indem wir uns daran erinnern, dass wir Glieder des Leibes Christi sind. „Ihr *seid* die verfolgte Kirche!", sagte einer meiner Kollegen zu einer Versammlung westlicher Christen, die gekommen waren, um zu hören, was auf der Welt passiert. Und genau diesen Blickwinkel müssen wir haben: Es gibt *einen* Leib Christi, und dieser Leib erlebt Verfolgung von einer Welt, die Christus und das Evangelium ablehnt. Heftige Verfolgung, in welcher Form auch immer, mag nicht *unsere* persönliche Erfahrung in diesem Teil der Welt und zu diesem Zeitpunkt der Geschichte sein.

Wir sollten uns aber mit den Menschen, also mit den Gliedern des Leibes, eins machen, für die das gerade jetzt eine wirkliche Erfahrung *ist*. Verfolgung ist niemals einförmig, was die Geografie, die Intensität oder die Heftigkeit betrifft. Aber der Leib Christi *wird* verfolgt.

Was sollten wir also hören? Was sollten wir verstehen?

Wir haben darauf hingewiesen, dass Verfolgung uns hilft, wichtige Lektionen der Nachfolge Jesu in fünf entscheidenden Bereichen christlichen Lebens zu lernen: Mission, Evangelium, Gnade, Kirche und Hoffnung.

Die Beschäftigung mit Verfolgung kann Irrtümer oder Entstellungen hinterfragen, zu denen wir im Westen in diesen fünf entscheidenden Bereichen neigen.

Verfolgung hinterfragt eine grob vereinfachende und triumphalistische Sicht von *Mission* und von der Rolle, die wir darin spielen. Sie erinnert uns an das Schlüsselprinzip: Gottes Gnade wirkt durch menschliche Schwachheit. Bei Mission geht es nicht darum, dass *wir* die Welt beeindrucken. Es geht um Gott, der durch uns wirkt, selbst wenn die Welt uns verachtet.

Sie hinterfragt ein Konsumdenken im Blick auf die Botschaft, die wir verkündigen, indem sie unser Verständnis vom *Evangelium* schärft und zeigt, warum das Evangelium Gottes Antwort auf das tiefste Bedürfnis des Menschen ist. Wir haben keinen Auftrag, unsere Botschaft umzuformen und auszuschmücken, um sie attraktiver für andere zu machen. Verfolgung zeigt, dass es die *natürliche* Reaktion der Menschen ist, das Evangelium abzulehnen. Und gerade dieses Evangelium sollen wir weiter verkündigen. Nur durch die Gnade Gottes kann irgendjemand dieses Evangelium annehmen.

Sie hinterfragt unsere selbstgenügsame Sicht auf das Leben. Wir können uns ja so sehr daran gewöhnen, in unserer eigenen Stärke erfolgreich durchs Leben zu kommen. Aber die Auseinandersetzung mit Verfolgung vertieft unser Verlangen nach der *Gnade* Gottes. Die souveräne Gnade, die nötig ist, um zum Glauben zu kommen, ist die gleiche Gnade, die nötig ist, um im Glauben weiterzugehen. Nirgends wird das so deutlich wie in Situationen, wo Menschen wegen ihres Glaubens leiden.

Sie hinterfragt eine übertrieben individualistische Sicht vom christlichen Leben und erweitert unser Verständnis und unsere Erfahrung von dem, was es wirklich bedeutet, Glied am *Leib Christi* zu sein. Der individuelle, persönliche Glaube muss so ausgelebt werden, dass wir uns zu diesem Leib bekennen. Wenn also Glieder des Leibes leiden, dann müssen wir teilhaben an diesen Leiden.

Und schließlich hinterfragt Verfolgung eine weltliche Sicht von *Hoffnung*, indem sie unsere geistlichen Augen auf die ewigen Dinge des zukünftigen Zeitalters ausrichtet. Denn nur der ewige Aspekt der Hoffnung hilft uns, in den vorübergehenden Leiden dieses Lebens einen Sinn auszumachen.

All das heißt jedoch nicht, dass wir uns danach sehnen sollten, dass heftige Verfolgung über uns im Westen komme. Diese Prinzipien sollten uns vielmehr motivieren, uns noch konkreter für die Christen einzusetzen, die im Schmelzofen wirklicher Leiden für Christus leben. Wenn wir das tun, können wir von ihnen und auch mit ihnen lernen, nämlich die biblische Sicht und die biblischen Lektionen, die wir in diesem Buch skizziert haben.

Manchmal mag das bedeuten, dass wir unseren stark verfolgten Brüdern und Schwestern Mittel zur Verfügung stellen, besonders wenn sie in ihrem Umfeld geistlich am Verhungern sind aus Mangel an pastoraler Leitung und guter biblischer Lehre. Auch wenn das jetzt herablassend wirken könnte oder übertrieben väterlich: In manchen Situationen kann unser Verständnis für die theologischen Gründe der Verfolgung, die sie erleben, stärker sein als ihres. Zu anderen Zeiten müssen wir allerdings ganz einfach den Zeugnissen unserer verfolgten Brüder und Schwestern zuhören und uns dann vor unserem Gott freuen über diese handfesten Erinnerungen aus Fleisch und Blut, die unseren Blick auf die immer genügende und uns erhaltende Gnade Gottes richten.

Ich habe als Untertitel dieses abschließenden Kapitels ein bisschen rätselhaft „Das Ende vom Anfang?" gewählt. Die Hauptthemen und die Grundlagen dieses Buches sind eindeutige Hinweise dafür, wie wichtig und wertvoll eine wirklich aktive Auseinandersetzung mit Verfolgung ist und mit dem Leben der Glieder des Leibes Christi, die starke Verfolgung durchmachen. Wir haben darüber geredet, wie eine sinnvolle Auseinandersetzung mit der Situation unserer verfolgten Brüder und Schwestern aussieht. Was heißt das jedoch praktisch und als entscheidende Frage: Wie können wir damit anfangen? Es kann hilfreich sein, zum Schluss zwei umfassende und grundlegende Weisen im Sinn zu behalten, mit denen wir auf die Verfolgung unserer Mitchristen reagieren können.

Verbindliches Gebet

Gebet ist eines der Dinge, bei denen wir oft besser im Reden darüber als im Tun sind. Es ist gut, Predigten über das Gebet zu hören und Bücher über Gebet zu lesen – aber nur dann, wenn wir als Ergebnis des Gelernten auch tatsächlich anfangen zu beten!

Auf der anderen Seite kann Gebet eines der Dinge sein, das bei uns leicht Schuldgefühle auslösen kann. Vielleicht beten wir nicht genug. Vielleicht beten wir tatsächlich, haben aber angefangen zu erkennen, wie selbstbezogen unsere Gebete sind.

Natürlich beten wir für Dinge, die uns angehen, und für Dinge, die uns vertraut sind. Ich bin mir meiner eigenen Gebrechlichkeit, Schwachheit und Sünde nur allzu bewusst: Es gibt keinen Mangel an Gebetsanliegen in meinem eigenen selbstsüchtigen, sündigen Herzen! Gleichzeitig mache ich mir auch Gedanken über Anliegen, die meine Familie, meine Freunde, meine Kirchengemeinde und meine Arbeitskollegen betreffen.

Wenn wir jedoch Fürbitte leisten wollen, die über unseren unmittelbaren Kreis von Bekannten und über unser Wissen hinausgeht, dann müssen wir uns *informieren*. Wir müssen wissen, für was, für wen und warum wir beten.

Den ersten Fall von Verfolgung, der nach der Himmelfahrt Jesu berichtet wird, sehen wir mit der Verhaftung von Petrus und Johannes in Apostelgeschichte 4. Die Verhaftung folgte direkt auf das Ereignis beim Tempel in Jerusalem, wo ein Mann geheilt worden war (Apostelgeschichte 3,1–10). Petrus hatte diese Gelegenheit ergriffen, um das Evangelium zu predigen und die Menschen zur Umkehr zu rufen (Apostelgeschichte 3,11–26). Die zwei Apostel wurden von der Tempelwache verhaftet und vor den jüdischen Hohen Rat gebracht, wo Petrus mutig noch weiter für die Auferstehung Jesu Zeugnis abgelegt hatte (Apostelgeschichte 4,5–12). Gerade das und nicht die Heilung an sich hatte ja die jüdischen Autoritäten so verärgert (Apostelgeschichte 4,2)! Wenig überraschend ging die Sache so aus, dass der Hohe Rat nach dem Verhör den Aposteln gebot, nicht mehr im Namen Jesu zu sprechen oder zu lehren.

Was dann passiert, ist sehr aufschlussreich. „Sobald Petrus und Johannes wieder auf freiem Fuß waren, gingen sie zu den Mitchristen und berichteten ihnen, was die führenden Priester und die Ratsältesten zu ihnen gesagt hatten“ (Apostelgeschichte 4,23). Die instinktive erste Reaktion der Nachfolger Jesu ist das Gebet: „Die Reaktion der Versammelten auf das, was sie hörten, war, dass sich alle gemeinsam und einmütig an Gott wandten …" (Apostelgeschichte 4,24). Jemand hat mal gesagt, dass für den Christen das Gebet nicht die letzte Zuflucht ist, sondern die *erste* Zuflucht. Jedenfalls sollte das so sein. Gebet muss jedoch auf Information gründen. Uns wird nicht gesagt, ob die Nachfolger Jesu schon gebetet hatten, bevor Petrus und Johannes zurückkamen. Wir können natürlich annehmen, dass ihnen die Verhaftung der beiden bewusst war. Selbst wenn sie vorher schon gebetet hatten, werden ihre Gebete nun ganz neu geformt durch den Bericht, den Petrus und Johannes gegeben haben. Die zwei Apostel waren bedroht worden, sie sollten aufhören, über Jesus zu predigen. Diese Nachricht veranlasst die Jünger, sehr spezifisch zu beten: „Höre nun, Herr, wie sie uns drohen, und hilf uns als deinen Dienern, furchtlos und unerschrocken deine Botschaft zu verkünden" (Apostelgeschichte 4,29). Und ihr Gebet wird wunderbar beantwortet. Von der kurzfristigen Erhörung berichtet Lukas: „Sie wurden alle mit dem Heiligen Geist erfüllt und verkündeten die Botschaft Gottes weiterhin frei und unerschrocken" (Apostelgeschichte 4,31). Im Blick auf die langfristige Erhörung bezeugt die Apostelgeschichte, wie sie weiter mutig das Evangelium predigten.

In diesem Fall waren die, die gebetet haben, enge Freunde von Petrus und Johannes. Ich hoffe, dass wir trotzdem verstehen, worauf es ankommt: Wenn wir heute für verfolgte Brüder und Schwestern Fürbitte leisten, dann müssen wir informiert sein. Wenn unsere Gebete nicht fade Allgemeinplätze sein sollen, wenn wir spezifisch für wirkliche Menschen mit wirklichen Bedürfnissen beten wollen, dann müssen wir uns Informationen aneignen und zwar regelmäßig. So einfach ist das!

Es ist auch hilfreich, etwas von dem Umfeld der Christen zu verstehen, die um ihres Glaubens willen leiden. Wir sollen ja nach dem Befehl Jesu in Matthäus 5,44 nicht nur für die Verfolgten, sondern auch für ihre Verfolger beten. Auch dafür brauchen wir Informationen.

Paulus gibt Timotheus Anweisungen für Leben und Gottesdienst der Kirche und schreibt dann: „Das Erste und Wichtigste, wozu ich die Gemeinde auffordere, ist das Gebet. Es ist unsere Aufgabe, mit Bitten, Flehen und Danken für alle Menschen einzutreten, insbesondere für die Regierenden und alle, die eine hohe Stellung einnehmen, damit wir ungestört und in Frieden ein Leben führen können, das Gott in jeder Hinsicht ehrt und das in allen Belangen glaubwürdig ist" (1. Timotheus 2,1–2).

Oft wurde darauf hingewiesen, was für eine bemerkenswerte Aussage das sei. Als Paulus an Timotheus schrieb, war nämlich der berüchtigte Nero Kaiser des Römischen Reiches, und der war wohl kaum der gütigste und gerechteste Herrscher, den die Welt erlebt hat! Paulus besteht jedoch darauf, dass die Gemeinde für die Regierenden beten soll. Warum? Paulus hat wie immer vor allem Gottes Reich und den Dienst am Evangelium im Blick. Friedliche Lebensbedingungen, zu denen auch Gewissensfreiheit und Religionsfreiheit gehören, ermöglichen die Weitergabe und Verbreitung des Evangeliums. Paulus fährt daher so fort: „In dieser Weise zu beten ist gut und gefällt Gott, unserem Retter, denn er will, dass alle Menschen gerettet werden und dass sie die Wahrheit erkennen" (1. Timotheus 2,3–4).

Wenn wir verbindlich für unsere verfolgten Brüder und Schwestern beten wollen, sollten wir uns regelmäßig darüber informieren, was gerade aktuell ist, wo es geschieht und welche Probleme und welche Menschen wir vor den Herrn bringen sollten.

Praktisches Mitgefühl

Die zweite grundlegende Reaktion auf die Verfolgung unserer Mitchristen weltweit sollte praktisches Mitgefühl sein. Weiter vorne in diesem Buch wurden wir an die Ermahnung im Brief an die Hebräer erinnert: „Denkt an die Gefangenen und nehmt an ihrem Schicksal Anteil, als wärt ihr selbst mit ihnen im Gefängnis. Habt Mitgefühl mit den Misshandelten, als wäre es euer Körper, dem die Schmerzen zugefügt werden" (Hebräer 13,3).

Was bedeutet es aber in diesem Fall, an die Gefangenen zu „denken"? Der ganze Abschnitt wird durch die Aufforderung „Lasst nichts eure Liebe zueinander beeinträchtigen" eingeleitet und ist äußerst praktisch. An etwas zu „denken", mag manchmal nur unsere Fähigkeit bezeichnen, uns an Fakten und Zahlen zu erinnern. Manchmal bedeutet dieses „daran denken" aber weit mehr. Es ist eine Handlung, die unseren Einsatz hervorruft. Wir können zum Beispiel jemanden in unserem Testament *bedenken* oder an den Geburtstag von jemandem *denken*. Beide Fälle gehen über das bloße Erinnern an Informationen hinaus und schließen praktisches Handeln ein. Diese Art von „dran denken" meint der Schreiber in Hebräer 13,3.

Die „Liebe zueinander" oder „brüderliche Liebe", auf die der Schreiber des Hebräerbriefes sich bezieht, ist ein Hauptthema im 1. Johannesbrief. Johannes schreibt, um einer gefährlichen, heimtückischen Irrlehre entgegenzuwirken, die drohte, das wahre apostolische Evangelium auszuhöhlen und insbesondere das wahre Verständnis der Person und des Werkes Jesu Christi. Beim Schreiben dreht sich das Denken des Johannes um drei Schlüsselthemen: Lehre, Gehorsam und Liebe. Beim Lesen des 1. Johannesbriefes merken wir, dass er aus verschiedenen Perspektiven immer wieder zu diesen Schlüsselthemen zurückkehrt.

Im dritten Kapitel schreibt Johannes: „Denn darum geht es ja bei der Botschaft, die ihr von Anfang an gehört habt: Wir sollen einander lieben. Wir dürfen es nicht wie Kain machen, der von dem Bösen stammte, dem Teufel, und seinen eigenen Bruder ermordete. Und warum hat er ihn ermordet? Weil er sah, dass sein Bruder tat, was recht war, während er selbst Böses tat" (1. Johannes 3,11–12).

Wie wir oben gesehen haben, ist die „Liebe zueinander" ein wichtiges Zeugnis für die Wirklichkeit des christlichen Glaubens. Johannes zitiert dann das Beispiel des Brudermordes an Abel durch Kain. Kain reagierte dabei auf die Art, wie Abel vom Herrn angenommen wurde (vgl. 1. Mose 4,1–5). Kain steht dabei als Typos für den geistlichen Zustand der „Welt", die in Feindschaft zum Herrn lebt. Daher fügt Johannes gleich im nächsten Vers hinzu: „Seid daher nicht überrascht, liebe Geschwister, wenn die Welt euch hasst" (1. Johannes 3,13). Der Hass gegenüber den Christen und gegenüber allem, wofür sie stehen, zeigt das „wahre Gesicht" der Welt. Wir hatten ja in Kapitel 2 bereits gesehen, dass in der Verfolgung der Nachfolger Jesu Christi, die Haltung der Welt zu Christus sichtbar wird.

Christen sollten aber eindeutig anders sein: „Wir aber haben den Schritt vom Tod ins Leben getan; wir wissen es, weil wir unsere Geschwister lieben" (1. Johannes 3,14). Verbunden mit 1. Johannes 3,16, wo wir daran erinnert werden, dass die Liebe Christi zu uns eine praktische Liebe war, die zu seinem Tod an unserer statt führte, macht Johannes eine sehr praktische Anwendung in Bezug auf seine Leser: „Angenommen, jemand, der alles besitzt, was er zum Leben braucht, sieht seinen Bruder oder seine Schwester Not leiden. Wenn er sich ihnen nun verschließt und kein Erbarmen mit ihnen hat – wie kann da Gottes Liebe in ihm bleiben? Meine Kinder, unsere Liebe darf sich nicht in Worten und schönen Reden erschöpfen; sie muss sich durch unser Tun als echt und wahr erweisen" (1. Johannes 3,17–18).

Die Worte des Johannes erden auf sehr klare, praktische Weise die Überlegungen über die Liebe innerhalb des Leibes Christi aus Kapitel 4. Wo immer Glieder des Leibes leiden aufgrund des Widerstandes der Welt gegen den Christus, für den sie stehen und den sie predigen, da sollten die anderen Glieder des Leibes mit offenen Herzen ihnen zur Seite treten, um ihnen in ihren körperlichen oder geistlichen Bedürfnissen zu helfen.

Als einzelne Christen oder als Kirchengemeinden vor Ort können wir sicherlich nicht jedes gute christliche Werk unterstützen, das auf dieser Welt getan wird. Manchmal wirkt die Gesamtheit der Bedürfnisse überwältigend auf uns. Wenn Sie jemals bei einer christlichen Konferenz durch die Stände der verschiedenen Missionsgesellschaften gelaufen sind, wissen Sie sicher, was ich meine. Allerdings sollten wir von Zeit zu Zeit darüber nachdenken, was wir gegenwärtig tatsächlich unterstützen und wofür wir uns einsetzen. Ist das angemessen? Werden darin die vom Neuen Testament gesetzten Prioritäten widergespiegelt?

Mit Sicherheit aber sollten wir *irgendwo* Raum schaffen für unsere verfolgten Brüder und Schwestern in unserem Nachdenken über Mission, in unseren Gebeten und in unseren unterstützenden Aktivitäten. Das starke Gewicht, das das Thema Verfolgung im Neuen Testament hat, die wichtigen Folgerungen daraus, uns als Glied am Leib Christi zu sehen, und die Lektionen und Segnungen der Nachfolge Jesu, die aus der Bereitschaft entstammen, für Christus zu leiden – all das weist in diese Richtung.

Wir sind aufgerufen zu verbindlichem Gebet, das wiederum Informationen erfordert; zu praktischem Mitleid, das uns zum Handeln treibt. Das sind die zwei grundlegenden Arten, auf die

Realität weltweiter Verfolgung heute zu reagieren. Sich darauf einzulassen, wird für Sie und für den Leib Christi Segen bringen und dadurch Gott verherrlichen.

Wir begannen dieses Buch mit zwei Zitaten, von denen eines vom Apostel Paulus stammte. Zum Schluss sollten wir auf dieses Zitat zurückkommen: „Wir freuen uns auch über die Nöte, die wir jetzt durchmachen" (Römer 5,3).

Wir werden dadurch als Christen im Westen daran erinnert, warum wir Leiden für Christus ernst nehmen sollten; warum wir zulassen sollten, dass es Teil unseres Denkens, Lernens und Betens wird.

Paulus beginnt das fünfte Kapitel seines Briefes an die Römer mit der Erklärung, dass wir durch das herrliche Evangelium unseres Herrn Jesus Christus, das in uns durch den Geist angewendet und von uns durch Glauben empfangen wurde, vor Gott gerechtfertigt sind. Wir haben Frieden mit Gott und daher Zugang zu Gott. Wir freuen uns in der Hoffnung auf die Herrlichkeit Gottes. Halleluja!

Aber dann fügt Paulus hinzu: „Doch nicht nur darüber freuen wir uns; wir freuen uns auch über die Nöte, die wir jetzt durchmachen. Denn wir wissen, dass Not uns lehrt durchzuhalten, und wer gelernt hat durchzuhalten, ist bewährt, und bewährt zu sein festigt die Hoffnung. Und in unserer Hoffnung werden wir nicht enttäuscht. Denn Gott hat uns den Heiligen Geist gegeben und hat unser Herz durch ihn mit der Gewissheit erfüllt, dass er uns liebt" (Römer 5,3–5).

Mögen wir und alle, die für den Herrn Jesus Christus leiden, diese Wahrheit in unserem Leben kennen – heute und immer.

HILFSAKTION MÄRTYRERKIRCHE

Unser Anliegen: Wir wollen verfolgten Christen helfen und von ihnen lernen … zur Förderung des Evangeliums!

In mehr als 60 Ländern dieser Welt leiden Christen. Über 200 Millionen Christen sind in Gefahr, bedrängt und verfolgt zu werden. Dennoch wächst Jesu Gemeinde allen Widerständen zum Trotz! Warum? Weil Jesus selbst seine Gemeinde baut. Er sagt: „Ich will meine Gemeinde bauen und alle Mächte der Hölle können ihr nichts anhaben." Aber es geht durch die Bedrängnis hindurch.

Davon berichtet die ***Hilfsaktion Märtyrerkirche*** (HMK). Seit 1969 ist die HMK die Stimme verfolgter Christen in aller Welt. Fast täglich erreichen uns Meldungen von Übergriffen auf unsere Geschwister. Hier hilft die HMK schnell und unkompliziert. Aktuell unterstützt die HMK 140 Projekte in 45 Ländern.

Die Arbeit geht auf Pfarrer Richard Wurmbrand zurück, der aufgrund seines Glaubens 14 Jahre in rumänischen Gefängnissen inhaftiert war.

Die Aufgaben der HMK

- Die HMK hilft Christen, die aufgrund ihres Bekenntnisses unter akuter Verfolgung und ihren Folgen leiden. Die HMK engagiert sich – in enger Zusammenarbeit mit einheimischen Partnern – u.a. in den Bereichen Soforthilfe, Wiederaufbau, Ausbildung, Kinderhilfe, Rechtsbeistand, Evangelisation und medizinische Hilfe.

- Die HMK unterstützt Christen, die durch tätige Nächstenliebe ihre Mitmenschen und sogar ihre Verfolger zum Glauben an Jesus Christus einladen.
- Die HMK ermutigt verfolgte Christen, indem sie ihnen eine Stimme gibt und ihr Glaubenszeugnis bekannt macht. Die HMK ist davon überzeugt, dass Leben und Zeugnis verfolgter Christen den persönlichen Glauben herausfordern und stärken.

Die HMK ist Mitglied der Württembergischen Evangelischen Arbeitsgemeinschaft für Weltmission (WAW) und der Arbeitsgemeinschaft Evangelikaler Missionen (AEM).

Die Arbeit der HMK finanziert sich ausschließlich über Spenden. Die HMK hat sich zur Einhaltung anerkannter Spendengrundsätze verpflichtet und trägt das Spenden-Siegel des Deutschen Zentralinstitutes für Soziale Fragen (DZI) und das Spenden-Prüfzertifikat der Deutschen Evangelischen Allianz.

Die HMK gibt monatlich das Magazin *Stimme der Märtyrer* heraus. Dieses Magazin ermutigt und lädt zur Fürbitte und Unterstützung verfolgter Christen ein. Die *Stimme der Märtyrer* und weiteres Material kann kostenlos bei der HMK bestellt werden:

Hilfsaktion Märtyrerkirche
Tüfinger Str. 3 ◆ 88690 Uhldingen
Telefon 07556/9211-0 ◆ Telefax 07556/9211-40
Aktuelles: facebook.com/HilfeFuerVerfolgteChristen
Gebetsanliegen und mehr: www.verfolgte-christen.org

„Kümmert euch um alle, die wegen ihres Glaubens gefangen sind. Sorgt für sie wie für euch selbst. Steht den Christen bei, die verhört und misshandelt werden.“ (Hebräer 13,3)

WEITERE BÜCHER AUS DEM NEUFELD VERLAG

Markus Baum, *Jochen Klepper*.
ISBN 978-3-86256-014-1. 3. Auflage 2021

Friedemann Büttel, *Mehr! Warum es sich lohnt, Jesus zu folgen.* ISBN 978-3-86256-158-2, 2020

Bruxy Cavey, *Jesus. Punkt. Gute Nachricht für Suchende, Heilige und Sünder.* Edition Bienenberg, Band 7. ISBN 978-3-86256-094-3, 2019

Jayson Georges, *Mit anderen Augen – Perspektiven des Evangeliums für Scham-, Schuld- und Angstkulturen.* ISBN 978-3-86256-090-5, 3. Auflage 2020

Stefan Gustavsson, *Kein Grund zur Skepsis! Acht Gründe für die Glaubwürdigkeit der Evangelien.* ISBN 978-3-86256-150-6, 2. Auflage 2019

Wolfgang Häde, *Mein Schwager – ein Märtyrer: Die Geschichte des türkischen Christen Necati Aydin.* ISBN 978-3-937896-81-6, 2. Auflage 2010

Adam Hamilton, *24 Stunden – Der Tag, der die Welt veränderte.* ISBN 978-3-86256-049-3, 2. Auflage 2015

Adam Hamilton, *24 Stunden – Der Tag, der die Welt veränderte: Impulse für 40 Tage.* ISBN 978-3-86256-050-9, 2. Auflage 2015

Adam Hamilton, *Gegen die Angst – 31 Lektionen der Hoffnung für unsichere Zeiten.* ISBN 978-3-86256-163-6, 2. Auflage 2020

Stefan Jung, ***Was Gott daraus macht – Vertrauen lernen mit Josef.*** ISBN 978-3-86256-064-6, 2015

Peter Mommsen, ***Radikal barmherzig: Das Leben von Johann Heinrich Arnold – eine Geschichte von Glauben und Vergebung, Hingabe und Gemeinschaft.*** ISBN 978-3-86256-078-3, 2017

Stuart Murray, ***Nackter Glaube – Christsein in einer nachchristlichen Welt.*** Edition Bienenberg, Band 5. ISBN 978-3-86256-046-2, 2. Auflage 2020

Bernhard Ott, ***Tänzer und Stolperer – Wenn die Bergpredigt unseren Charakter formt.*** ISBN 978-3-86256-156-8, 2019

Eugene H. Peterson, ***„Nimm und iss …" Die Bibel als Lebensmittel.*** ISBN 978-3-86256-045-5, 2014

David W. Shenk, ***Christen begegnen Muslimen – Wege zu echter Freundschaft.*** ISBN 978-3-86256-069-1, 3. Auflage 2016

Gary L. Thomas, ***Die Kraft der unscheinbaren Kleinigkeiten – Vom Abenteuer, Jesus ähnlich zu werden.*** ISBN 978-3-86256-028-8, 2012

Roland Werner, ***Jesus Christus – 7 Gründe, warum ich ihm nachfolge.*** ISBN 978-3-86256-013-4, 3. Auflage 2018

Dallas Willard, ***Jünger leben mittendrin. Mit Beiträgen von John Ortberg.*** ISBN 978-3-86256-055-4, 2014

Dallas Willard, ***Jünger wird man unterwegs – Jesus-Nachfolge als Lebensstil.*** ISBN 978-3-86256-008-0, 5. Auflage 2018

Tom Wright, ***Kleiner Glaube – großer Gott.*** ISBN 978-3-86256-030-1, 2013